1000人以上の社長・企業幹部の
話し方を変えた!
「伝説の家庭教師」が教える
門外不出の50のルール

岡本純子
エグゼクティブ・スピーチコーチ
コミュニケーション・ストラテジスト

世界最高の話し方

東洋経済新報社

はじめに

「話し方を変えたら、人生が変わった」
「話し方は、何歳からでも、劇的に変えられるんだね」

「ここまで歩いてみましょう」

「手はこの位置で」

「その言葉、こう言い換えてみませんか？」

はたから見ると、演出家が俳優に振り付けをしているように見えるかもしれません。

「家庭教師役」の私と、**「生徒役」の企業の社長**とのやりとりは、こんな感じで進みます。

練習を進めるうちに、それまでは演台の後ろで、原稿を読み上げることしかなかった「生徒」が、みるみるうちに、張りのある声を出し、表情豊かに話しはじめます。

「ちょっとした一言」を冒頭に加えるだけで、座布団3枚分ぐらい、聴衆を魅了する話に変わったり、**「たったひとつのアドバイス」で、それまで部下との雑談が苦手だった社長が、スイスイと会話ができる**ようになったりするのです。

まるで、生気のなかった人形が、命を得て、動き出す「コペルニクス的」変身ぶり。

「話し方を変えたら、人生が変わった」

「話し方は、何歳からでも、劇的に変えられるんだね」

そんな言葉をよくいただきます。

1000人以上の社長、企業幹部の「話し方」を変えるお手伝い

私は「エグゼクティブの話し方（スピーキング）コーチ」として、これまで1000人以上の社長、企業幹部を指導し、彼ら彼女らの**話し方を変えるお手伝い**をしてきました。

立場上、実名は挙げられませんが、たとえば、次のような方々です。

★日本有数の大手自動車メーカー社長・役員
★某大手電機メーカーの経営陣の方々
★大手IT・通信会社の社長、メガバンクの役員
★世界的外資系製薬・IT企業の外国人社長たち
★有名カリスマ社長

といった**誰もがその名を知る日本の代表的大企業のリーダー**、そして、

★「あの」知事、閣僚、政治家、官僚
★病院や大学の理事長

など「話し方のスキル」を求められることが多いみなさんの、**プレゼンから雑談まで、「話し方」にまつわることなら、どんな相談にも乗り、具体的にアドバイス**してきました。

☑ 大手外資系企業の女性役員も激変！

「家庭教師」として関わった多くの社長・役員・企業幹部の方からいただくのは、

「こんなことを教わる機会は、いままでなかった」

「これまでどうやっていいのかわからなかったが、ようやく『答え』が見えた」

といったコメントです。

ある大手外資系企業の女性役員は、「緊張するので、人前で話すことが大の苦手」でしたが、定期的なコーチングの結果、**「人前で話すことが楽しくて仕方ない」「人生観までポジティブになった」というほどまでに大激変**。

プラスの変化は本人だけでなく、すぐに、周囲の人々や聴衆の反応にもあらわれます。

「社長、いままでと全然違いますね」

そんな言葉や変わる聴衆の反応を肌で実感し、自信をつけていくのです。

「話し方」で悩むエリートは大勢いる

意外かもしれませんが、**日本の大企業のトップにのぼりつめるようなエリートの中にも、「話すことが苦手で、もっとうまくなりたい」と思っている人は大勢います。**

日本では、読み書きは学んでも、「話すこと」「聞くこと」を体系的に習得する場はほとんどありません。

その力をつけるための方程式も教科書もなく、教師もいません。

「以心伝心」という言葉もあるように、「言わなくてもわかる」「言えばわかる」といった思い込みも根強くあります。**いいアイディアがあってもそれを伝えられない、他人と上手に言葉のやりとりができない、人前で恥ずかしくて話せない**……。

日本人の多くが「話すこと」に苦手意識を覚え、悩んでいます。

リーダーレベルでさえ、何のノウハウもなく、漫然と「我流」を通すしかない。

それほど、この国では、**世界水準の「話し方のノウハウ」は普及していない**のです。

☑「世界最高の話し方のルール」を体系化

私は、現在のように「家庭教師」をする以前、もともとは新聞記者として、ソフトバンクの孫正義社長、日本電産の永守重信会長など、国内外のトップリーダーに取材し、その話し方・伝え方を間近に観察・研究してきました。

その間に、イギリスの**ケンブリッジ大学院**に留学をし、「国際関係学」を学びつつ、**日々、世界のエリートに教えを請い、「話し方」の薫陶を受ける**機会に恵まれました。

家庭の事情で新聞社を退職後に、渡米し、今度は**MIT（マサチューセッツ工科大学）で、「ネットがメディアやコミュニケーションをどう変えていくのか」についての研究に従事**。同じ街にあるハーバードロースクールで交渉術を学んだりと、**アメリカの一流の経済人、政治家・学者など「知の巨人たち」の教え**を受けました。

3年半を経て帰国したあとは、「PRコンサルタント」の仕事に就き、リーダー向けのメディアトレーニングなどに関わるように。

しかし、**海外の大学で学んだコミュニケーションの知識はあっても、じつは私自身、極度の「恥ずかしがり屋」で、大勢の前でのプレゼンは苦手**なままでした。

「人前でもっと堂々と話せるようになりたい。コンプレックスを克服したい」

一念発起して、再び渡米し、「話し方修業の道」に飛び込んだのです。

ニューヨークで衝撃を受けたのは、コミュニケーションを学ぶ場の豊富さでした。

学校以外にも街中には無数のワークショップやクラスがあり、誰もが**まるでジムに行くように、仕事帰りに気軽に寄って、「話し方」をモリモリと鍛えていた**のです。

そうした場に手あたり次第に通い、プレゼンコーチや研究者など、コミュニケーションのトッププロたちに「弟子入り」し、世界水準の話し方を徹底的に学びました。

そうやって、たくさんの（冷や）汗を流した私は、**いつの間にか、息を吸うようにコミュニケーションがラクになっている**ことに気づいたのです。

★記者・PRコンサルタントとしての実践的経験知
★グローバルリーダーのコミュニケーションテクニック
★脳科学・心理学・演劇学・人類学など、学術的研究で実証された世界水準のノウハウ

これら3つの知見を融合・体系化し、**独自の「話し方スキル向上メソッド」**を確立。

そのメソッドを、企業のエグゼクティブにお伝えしていたところ、**目を見張る「ビフォアー&アフター」が評判を呼び、多くの企業から社長や役員の「家庭教師」としてお声がけをいただく**ようになりました。

「話し方の家庭教師」を始めて、今年で10年ほど。

これまで**お手伝いをした企業幹部の方は1000人以上**にのぼります。

「伝説の家庭教師」の全ノウハウを、余すところなく公開

話し方は、生まれつきの「才能」などでは決してありません。

1000人以上の「脱皮」を目撃してきた私だからこそ、自信をもって断言できます。

ちょっとしたノウハウと鍛錬する場と背中を押す人さえあれば、いつからでも学べ、簡単に身につけることができる「スキル」なのです。

小さな「気づき」によって、マインドを変え、リーダーとしての存在感をまとう。

その姿を見るたび、**話し方は「人が動き、人生を動かす『魔法の杖』」**だと実感します。

ぜひ、みなさんにも、その**「魔法の杖」**を手に入れ、人生をもっと楽しく、ラクなものにしていただきたい。

そうした思いから、今回、**はじめて、秘伝の「コミュニケーションの法則」を本としてまとめ、お届けする**ことにしました。

この本では、**世界のスーパーエリートに学び、「伝説の家庭教師」として、こっそりと、トップリーダーだけに伝授してきた「人の『共感』と『信頼』を勝ち取る話し方の最強方程式」**を余すところなく紹介しています。

多くのリーダーから「目からうろこ」とお墨付きをいただいた**「世界水準の話し方」**の最強テクニックをよりすぐりました。

コロナ禍によって、「出社よりもリモートへ」「会議はオンラインで」といった流れが加速しています。今後もその流れは変わらないでしょう。

物理的距離のある時代だからこそ、**人と人との心の距離を縮め、つながりをつくる「コ**

ミュニケーション」の重要性が、ますます高まっています。

そんなリモートでのコミュニケーションにも役立つ**即効ノウハウもたくさん盛り込みました**。

誰でも、いつでも、好きなときに、好きなだけ、人とつながり、仲間をつくり、支え合っていくために。

先の見えない、これからの世の中をたくましく生き抜くために。

本書によって、**ポストコロナの「最強のサバイバルスキル」**を手に入れて、びくともしない自信を築き上げ、みなさんの人生がもっともっと輝くことを心から願っています。

〔目次〕

世界最高の話し方

１０００人以上の社長・企業幹部の話し方を変えた！

「伝説の家庭教師」が教える門外不出の50のルール

はじめに ——— 003

✓「話し方を変えたら、人生が変わった」「話し方は、何歳からでも、劇的に変えられるんだね」——— 003

✓ 1000人以上の社長、企業幹部の「話し方」を変えるお手伝い ——— 004

✓ 大手外資系企業の女性役員も激変！ ——— 006

✓「話し方」で悩むエリートは大勢いる ——— 007

✓「世界最高の話し方のルール」を体系化 ——— 008

✓「伝説の家庭教師」の全ノウハウを、余すところなく公開 ——— 010

第1章……

あっという間に絆が生まれる！

——話がうまい人の「もっと話したい！」と思わせる**雑談・会話のルール** 039

✓ 日本のエリートも「雑談」に悩んでいる ——— 040

ルール 1

「会話の内容」は忘れても、「印象・気持ち」はずっと残る　041

「何を話すか」よりも、「どんな気持ちにさせるか」が大事です。

- ✓ 世界のエリートが「雑談」を重視する理由　041
- ✓ 「何を話したか」は忘れても、「何を感じたか」は一生残る　042

ルール 2

「話す」ことは「自分視点」を「離す」こと。「相手」が「受け取りやすい」球を投げる　044

人は「自分が聞きたい情報だけ」を受け入れます。

- ✓ 「何かを言えば、何かが伝わる」は大きな誤解　044
- ✓ 人は「自分が聞きたい情報だけ」を受け入れる　045
- ✓ 相手が「受け取りやすい球」を投げていますか？　046

ルール 3

二流ほど「口」を動かし、一流は「目と耳」を動かす　048

本当に優秀な人ほど、「受信力」が高いものです。

✓ 自分のことを話すと気持ちいい理由 —— 048
✓ 相手に「マイク」を渡してみよう —— 049
✓ 「口を開く」より「耳を傾ける」ことを優先する —— 050

ルール 4
雑談は「『ど』力」で、必ず上達する。
「ど」から始まる質問を極めよう 052
この6つの質問だけで、簡単に話が弾みます！

✓ あなたは30分の会話に何回質問していますか？ —— 053
✓ 「ど」から始まる質問をすればいい —— 054

ルール 5
「4種の質問」を使い回せば、会話は途切れない 058
「質問→聞く→質問→聞く→自分の話」で雑談マスターに！

✓ 質問は「4種類」に分けられる —— 058

ルール 6
「大ヒット商品の法則」で、相手が喜ぶ話のネタを見つける　060
人間の興味は基本、「半径10メートル以内」にあります。
✓ 相手に「関係」があることなら、喜んで聞いてくれる　061
✓ 「関係」ネタは、「大ヒット商品の法則」で、5つの切り口から探そう　062

ルール 7
「スキャンダルの法則」で、相手の「関心」をわしづかみにする　064
「有名人のしくじりネタ」が注目を集める理由が、これです。
✓ 相手が「関心」をもっているネタを話そう　064

ルール 8
「おれ、すごいぞ」ではなく、「あなたはすごい」を伝える　067
「相手の価値」を伝えていますか？

✓ 人はついつい「自分の価値」をアピールしがち —— 067

✓ 「おれ、すごいぞ」ではなく「あなたはすごい」—— 068

✓ エリートが実践している「脱『自己アピール』」の話し方 —— 069

第2章……「モチベーションの魔術師」になれ！
——やる気をかきたてるほめ方・叱り方のルール 071

✓ ほめられたいのに、ほめられない日本人 —— 072

ルール9 「ミカンほかん」の法則で、相手をいい気分にさせる
真のエリートは「承認（みとめる）」「共感」「賞賛（ほめる）」「感謝」の達人です。 073

✓ 「ミカンほかんの法則」をマスターしよう —— 073

ルール 10

ほめるときは「す・ぐ・き」が、基本中の基本

おざなりな「ありがとう」「お疲れ様」ですませてはいませんか？ 076

✓ ほめ力、感謝力のパワーアップには「す・ぐ・き」を使え —— 076

ルール 11

「ほめる6：叱る1」が、科学的に証明されている黄金比率

相手の心に届く「建設的な叱り力」ができていますか？ 078

✓ 「1回叱ったら、6回ほめる」が、科学的に証明された最適割合 —— 079

ルール 12

「ほめる→叱る→ほめる」はもう古い。「正しい叱り方」はこれだ！

「叱る」と「ほめる」をしっかり分けて、「4つの要素」を盛り込もう！ 080

✓ 「ほめる→叱る→ほめる」というサンドイッチ話法は時代遅れ！ —— 080

✓ ダメな叱り方、エリートの叱り方は、ここが違う —— 081

第3章…… 誰もがうなずき、納得し、感心する！ ——頭がいい人のシンプルクリアな説明のルール 085

✓ リモート時代だからこそ、求められる説明力 ——086

ルール13 まずは「13文字以内に絞り込んだ一言」をつくる 087

「一言で言うと？」にすぐ答えられますか？

✓ 「言いたいことを一言でまとめる」クセをつける ——088

✓ 「13文字以内に絞り込んだ一言」に ——089

ルール14 3つのステップで、「魂の一言」に磨き上げる 090

言葉の「お片付け」で、心ときめく一言に。

✓ 「インパクトのある13文字」をつくるための3ステップ ——090

ステップ1　言葉の「棚卸」をする ―― 091
ステップ2　「心が動く言葉」をピックアップ ―― 091
ステップ3　5つの方法で、13文字程度に「たたむ」 ―― 092
私の心に最もしみた「一言見出し」――「?→!」の事例 ―― 092

ルール15
アメリカの子どもが必ず学ぶ超基本！「結論→中身→結論」の「ハンバーガー話法」 095
説明にも、順番の「鉄板ルール」があります。

アメリカの子どもが必ず教わる「説明の鉄板ルール」 ―― 096

ルール16
「結論→理由→事例→結論」で、すっきり簡単【「なぜなら」ロードマップ】 098
とりあえず、「なぜなら」をつけるだけで、説得力は倍増します。

「結論→理由→事例→結論」の順番で話そう ―― 098
とりあえず、「なぜなら」「なので」を添える。それだけでも効果絶大！ ―― 100

ルール 17
とことん説明をシンプル&クリアにする「3つあります」ロードマップ
世界のリーダーも多用する超メジャーな必勝話法! 103

- 世界のリーダーたちの「3つあります」の実践例 104
- 「3つあります」を使うときの2つの注意点は? 106

ルール 18
大統領も通販番組も多用する「お悩み解消」ロードマップ
面白いプレゼンには「共通のフレームワーク」があります。 107

- 面白いプレゼンの定番は「問題―解決法」フレームワーク 108
- アメリカ大統領も、通販番組も多用する「黄金のフレームワーク」 109

第4章……相手の心をがっちり掴む！

——「ついていきたい」と思わせる人の共感される話し方のルール

第4章 相手の心をがっちり掴む！ ——「ついていきたい」と思わせる人の共感される話し方のルール 111

✓ 大切なのは、いかに人々の心に寄り添うか —— 112

ルール19 『教官型』リーダーはもう古い！『共感型』の話し方を身につけよ 113

相手の気持ちを理解し、寄り添う力が必要です。

✓ 世界のリーダーは「教官型」から「共感型」へ変わってきている —— 114

ルール20 トランプに学ぶ、リーダーに必要な「いい気分にさせる話し方」 118

「いい人」より「いい気分にさせてくれる人」、「できる人」より「できた人」に。

✓ リーダーに必要な2つの資質は？ ―― 118
✓ トランプの話し方に学ぶべきこと ―― 119
✓ ただの「いい人」ではなく、「いい気分にさせてくれる人」へ ―― 120

ルール21 「占い話法」と「そう・だ・わ」で、相手の感情のツボを押しまくる ―― 121

「そうだね」「大丈夫」「大変だね」「わかるよ」の絶大な効果。

✓ 常に「Ｗｅ（私たち）」という言葉を使う ―― 122
✓ 聞き手がもっている感情をくみ取り、代弁する ―― 124
✓ 「そう・だ・わ」を口癖に ―― 125

ルール22 「心の警報装置」を鳴らし、共感を得る ―― 126

「怖い」×「許せない」×「面白い」がトランプ流です。

✓ トランプは「感情砲」を次々と打ち出し、一体感をつくる ―― 126
✓ 人は「感情の奴隷」 ―― 128

✓「心の警報装置」が鳴ると、人は動く ―― 128

ルール 23
「AHAの法則」で感情を伝染させる
あなたの話に、相手から「ア行」か「ハ行」の感嘆詞が出ていますか？ 130

✓感情は「感染」する ―― 130
✓相手から「ア行」か「ハ行」の感嘆詞が出ているか ―― 131

ルール 24
「ストーリー」マジックで、相手の心を釘付けにする
海外のエリートたちは皆、一流の「ストーリーテラー」です。 132

✓私が出会った最もインパクトのある「ストーリーテラー」は？ ―― 133
✓海外の超一流の「ストーリーテラー」の実例 ―― 134
✓人の集中力は、金魚より短い？ ―― 136

ルール 25
「Before」「After」「気づき」を入れた「30秒ストーリー」をつくってみる
「簡単な方程式」でできる最強コンテンツ。 138

✓ 誰にでも必ず「語るべきストーリー」がある ―― 138

✓ まずは「30秒で語れるストーリー」をつくろう ―― 140

第5章……
みるみるうちに「人が動く」！
――できる人の超「エモロジカル」な説得のルール 143

✓ 「エモロジカルな話し方」で、説得力をパワーアップする ―― 144

ルール 26
「五感をくすぐる言葉」で、相手に「絵を見せる」
「情景の浮かばない言葉」ばかりはやめましょう。 145

✓ 相手に「絵を見せる」ように話しなさい ―― 146

✓ ジョブズ、高田明氏の話し方に学ぶこと ―― 148

ルール 27
できるリーダーは「数字の魔術師」。「丸めない数字」でインパクトを出す
「大まかな数字」を使わないことで、話に躍動感が出ます。 150

✓ 「大まかな数字」ではなく、「四捨五入をしない正確な数字」を入れる ―― 151

ルール 28
数字は「相対的」に見せ、意味を示す
数字は無機質なようで、じつはとても「情緒的なパワー」をもっています。 153

✓ 数字は「情緒的なパワー」をもっている ―― 154

ルール 29
「100万人より1人の顔」の法則で、話す対象を一段階、絞り込む
時間や場所、人、モノ……絞り込むほど、映像が浮かびやすくなります。 155

✓ 話す対象や中身の範囲を、一段階、絞り込んでみよう —— 156
✓ うまい「自己紹介」のテクニックとは？ —— 158
✓ ジェフ・ベゾスの「映写機のように話す」投影話法 —— 160

ルール 30 ジャンルを越境し、「免疫のない言葉」でたとえる

比喩の名手に学び、「最強の言葉の飛び道具」を使えるようになりましょう。 161

✓ たとえの名手に学ぶ——孫社長、永守会長、小池都知事 —— 162
✓ 「誰も免疫をもっていない言葉」に転換してみよう —— 164

ルール 31 「これは聞かなきゃ」スイッチをオンにする「魔法の言葉」を仕込んでおく

「ここはポイント。絶対聞いてね」と伝えるコツがあります。 165

✓ 「魔法の言葉」の実例 —— 166
✓ 「間」による「じらし」を活用する —— 167

第6章……

緊張ゼロ！　満足度100％！
——聴衆を魅了する超一流のプレゼンのルール　169

✓ あっという間に堂々とプレゼンできるようになる鉄人ルール——170

ルール32
プレゼンで「緊張しない奥義」を身につける
豊田章男社長が語る「すごいプレゼンをする秘訣」は？　171

✓ 名門スクールで学んだ「真実」とは？——171
✓ 「プライドを捨てて、バカになれ」——173
✓ 豊田章男社長が発見した緊張しないプレゼンのルール——174

ルール33
「ヤッホーの法則」で、自分の「殻」を破ることができる
やり方は驚くほど簡単です。　175

✓ ヤッホーを3回言うだけ —— 176

✓ プレゼンでは、「コンフォートゾーン」から一度、抜け出す —— 177

ルール34 「バーチャル握手」で、聴衆と「心のつながり」をつくる 179

「こんにちは〜」の一言で、ここまで変わります。

✓ 「こんにちは〜」の「こだま」が返ってくるのを待つ —— 179

ルール35 池上彰氏、高田明氏に学ぶ！「共感プレゼン」に変える「カネの法則」 181

プレゼンは「モノローグ、ひとりごと」ではありません。

✓ プレゼンは「対話、言葉のキャッチボール」と心得る —— 182

✓ 2人の「あきら」に学ぶ「カネの法則」 —— 183

ルール36 とりあえず「。」を「？」に変えるだけでも効果絶大！ 184

プレゼンの達人ほど「？」を多用しています。

✓「。」を「？」に変えるだけで、相手はあなたに好意をもつ ——— 184

ルール37
くれぐれも「自己紹介」と「お礼」から始めてはいけない
プレゼンは「冒頭のインパクト」勝負！ 186

✓ プレゼンは冒頭に「釣り針」を仕込む ——— 187

ルール38
プレゼンの冒頭は「この5パターン」で心を掴む
「TEDトーク」プレゼンベスト10から見えてきた真実は？ 188

✓ プレゼンの冒頭、ベスト5はこれだ！ ——— 188

ルール39
「もう5パターンのつかみ」でさらにパワーアップ！
私が最も印象的だったのは「ナベツネさんのつかみ」です。 193

ルール 40
人の印象は声で4割も決まる。声は「大きさ」よりも「メリハリ」 195
同じトーンでがなり立てるのは、政治家の辻立ちと同じです。

人の印象は、声で4割も決まる —— 195
声で何より大切なのは「メリハリ」「変化」 —— 196
「キーワードはゆっくり」など、スピードも緩急をつける —— 197

ルール 41
「いい声」は3つの基本動作で簡単に出せる 198
滑舌が悪くても大丈夫！「声の深みと個性」を磨く秘訣があります。

年収を上げたければ、〇〇を下げろ？ —— 199
声は呼吸！　3つの基本動作は？ —— 200
「簡単に声の高さを変えるスゴ技」は？ —— 202

ルール 42

YouTuberに学ぶリモートの「話し方」6つのコツ　203

「聞かせ」「見せる」ことへの半端ない努力と情熱は、見習う価値アリ！

✓ 人間には25万通りの表情がある　203

✓ リモートでは、集中力がもちにくい　204

✓ リモートの「話し方」「見せ方」はYouTuberに学べ！　205

ルール 43

聞き手の感情のツボを「目から」「耳から」刺激する　207

LINEのスタンプやインスタグラムが人気な理由は、これです。

✓ ビル・ゲイツの話し方に学ぶこと　207

ルール 44

たったひとつだけ変えるなら、間違いなく「アイコンタクト」　209

「日本人のアイコンタクト」は間違いだらけ！

✓ 間違いだらけの「日本人のアイコンタクト」の常識　210

✓ アイコンタクトの正解は「キャッチボール」スタイル ―― 211

ルール45
プレゼン時間の7割以上は、聴衆を見て話す
それが無理なら、「4つの場面」で意識的にアイコンタクトを。 213

✓ アイコンタクトが苦手な人はこの方法で乗り切ろう ―― 213

第7章……
誰もがあなたの熱狂的なファンになる！
――カリスマリーダーの魅せ方のルール 215

✓「カリスマオーラ」をマントのようにまとうテクニック ―― 216

ルール46
自信は「自信があるフリ」から生まれる
カタチを変えれば、自信はあとからついてきます。 217

✓ 自信があるフリをするだけで、自信はできる ―― 217

ルール47
日本人の「あの定番ポーズ」がじつは要注意 219
しっかり胸を張って話すことが大事な理由があります。

✓ しっかり胸を張って話すことが大事な理由 ―― 220
✓ 日本人がやりがちな「ダメなポーズ」とは？ ―― 222

ルール48
リーダーシップは、ズバリ「語尾」に宿る！「2つの表現」を減らしてみよう 223
本当のリーダーは言葉を無駄遣いしません。

✓ まず減らすべき「2つの表現」は？ ―― 225

ルール49
カリスマほど、「ひとときの沈黙」を活用している 226
「えー」「あのー」の代わりに一コマ置きましょう。

✓ 「穴埋め言葉」は数えることでやめられる —— 227

✓ カリスマリーダーは皆、「ひとときの沈黙」を存分に活用している —— 228

ルール50
言葉に「情」と「熱」を乗せ、「見えないエネルギー」で人を動かす
なるべくなら立って、動いて話すようにしましょう。 229

✓ 優れたリーダーは「感情」と「熱気」の2つを自由に操る —— 230

✓ エネルギーを高める3つの方法は？ —— 231

特別付録1
プレゼンの「3密」スライドは、「5つの方法」で、徹底的にぜい肉を落とす 234

✓ あなたのスライドは、文字・写真・図の「3密」ではありませんか？ —— 234

✓ 5つの方法で、スライドのぜい肉を徹底的に落とす —— 235

特別付録2 信頼の基本は「あいうえおの法則」 239

あ 「あいさつ」をする——まずは「壁」を破ろう　239

あいさつの効用とは？　239

い 「いいね！」——ほめ上手になる　241

う 「うん、そうだね」——耳を傾ける　241

え 「えがお」——自分も周囲も幸せにする　242

笑顔が「他人」も「自分」も幸せにする理由　242

本物の笑顔＝マスクをつけていてもわかる「目元に出る」笑顔　243

お 「お礼」を言う——「感謝」を「体質」にする　244

おわりに　247

「つながる力」こそが、これからの時代を生き抜くカギに　247

「自分という殻」を打ち破れるか　249

人生を大きく動かす「魔法のノウハウ」を手に入れる　252

第1章

あっという間に絆が生まれる！

——話がうまい人の「もっと話したい！」と思わせる**雑談・会話のルール**

日本のエリートも「雑談」に悩んでいる

自由なコミュニケーションが苦手で、口のチャックが堅い日本のエグゼクティブ。

彼らの多くが口をそろえて言うのが**「雑談が苦手」**という悩みです。

グローバルの会議で、ぺらぺら話す海外エグゼクティブの輪に入っていけない。部下との会話も弾まない。仕事上での話はできても、なにげない雑談や会話は不得手。

そういうお悩みをよくお聞きします。

じつは、日本のトップエリートの多くも「雑談」に悩んでいるのです。

では、どうすれば**「雑談の達人」**になれるのでしょうか。

ルール 1

「会話の内容」は忘れても、「印象・気持ち」はずっと残る

「何を話すか」よりも、「どんな気持ちにさせるか」が大事です。

雑談は、英語で**「スモールトーク（small talk）」**といわれますが、その効果は決して小さくありません。

本質的な会話への「入口」であり、人間関係構築の最初の一歩だからです。

世界のエリートが「雑談」を重視する理由

海外のエグゼクティブと話すと、会話の「入り方」がじつに巧みなことに驚かされます。

満面の笑みを浮かべて、「How are you?」などと近づいてきて、自然に家族の話題な

どプライベートの話にもっていくので、いっきに距離感が縮まるのです。そして、あっという間に、ラポール（お互いの心が通い合う）状態をつくり出します。

グローバルエリートが「雑談」を重視する理由。

それは、**コミュニケーションにおいて、「何を言うか」よりも「相手をどんな気持ちにさせるか」のほうがよほど重要**であることを知っているからです。

「何を話したか」は忘れても、「何を感じたか」は一生残る

アメリカの女性社会運動家マヤ・アンジェロウさんの言葉に、こんなものがあります。

「あなたの言ったことや行ったことなど誰も覚えていません。でも、あなたと接したとき、どんな気持ちになったかは、たいてい覚えているものです」

誰かと会って、「会話の内容」は記憶にないけれど、「いやな人だった」「いい人だった」

など「印象や気持ち」だけは覚えている。そんな経験はありませんか。

「何を話したか」は忘れても、「何を感じたか」は一生残るのです。

雑談は、この**「印象・気持ち」を形づくる「つかみ」の機会であり、「アピールタイム」**。

雑談から始まる第一印象が、その後のキャリアを決定づけるからこそ、世界のエリートは、その時間を決して無駄にしないのです。

ではどうすれば、「世界水準の雑談力」が身につくのか。

私がエグゼクティブの人たちにお伝えしている具体的ノウハウを紹介していきましょう。

ルール 2

「話す」ことは「自分視点」を「離す」こと。「相手」が「受け取りやすい」球を投げる

人は「自分が聞きたい情報だけ」を受け入れます。

雑談の話の前に、まずは「コミュニケーションの超基本」について少しお話しします。

「何かを言えば、何かが伝わる」は大きな誤解

コミュニケーションの語源は、ラテン語の「共有」という言葉です。

一方的な話ではなく、情報の送り手と受け手の**双方向のやりとり**であり、そこに**何らかの「化学反応」が生まれたときに、はじめて伝わり、人が動く**わけです。

しかし、多くの日本人は**「言えば、伝わる」**とばかりに、やみくもにボールを投げつづけています。

その「得意球」が**「自分が話したい話」**ですが、あまり受け止めてはもらえません。

この「言えば、伝わる」メンタリティは常日頃から大企業の社長のプレゼンを見ていて痛感します。

抽象語、専門用語、難解語が1ミリの隙もなく並び、内容自体、絶望的に退屈なのに、「話し方」も棒読み……。

そんな、「言いたい放題」が、聞き手の心を掴むわけがありませんよね。

☑ 人は「自分が聞きたい情報だけ」を受け入れる

「雑談がうまくなりたい」と思ったら、知るべき「真実」がここにあります。

それは、**人は「自分が聞きたい情報だけ」を受け入れる生き物**ということ。

ブラジルには、「地球が平たいと信じている」という人が人口の７％いて、アメリカ人の約４分の１が、「地球のまわりを太陽が回っている」と考えているのだそうです。

「予防接種は危険だ」「地球温暖化はない」と信じ込んでいる人に、映像やデータなどエビデンスを見せて説得しようとしたところで、考え方が変わることはありません。

正しいこと、ファクトを振りかざしたところで、人の心は容易には動かないのです。

これは心理学でいうところの**「確証バイアス」**と呼ばれる現象ですが、人間には**「自分の考えを支持する情報ばかりを集め、それに反する情報を無視する」**傾向があります。

ですから、**「相手が興味のある情報」でなければ、受け止めてはもらえない**のです。

相手が「受け取りやすい球」を投げていますか？

つまり、雑談や会話をうまく進めたいと思うなら、**「自分」が「投げやすい球」ではなく、**

「相手」が「受け取りやすい球」を投げなければならないということです。

「自分をアピールしたい」

「自分が言いたい話を聞かせたい」

そうした**「自分への執着やエゴ」を「手放す」、つまり、自分視点を「離す」ことが、「話す」ことを上達させる第一歩**になるのです。

「相手の心の扉」を開けたいのであればまずは、あなたというカギが「相手というカギ穴」に合わせるしかありません。

なぜなら、カギ穴はあなたに合わせて形を変えてはくれないから。

コミュニケーションの主役はあなたではなく、聞き手。

「自分フォーカス」から「相手フォーカス」へとベクトルを切り替える。

まずは、この**「コミュニケーションのファーストルール」**を覚えておいてください。

ルール 3

二流ほど「口」を動かし、一流は「目と耳」を動かす

本当に優秀な人ほど、「受信力」が高いものです。

雑談といえば、「天気」や「健康」などの鉄板ネタを語れ、とよく言われます。

しかし、**「自分が相手に何を話すか」という「私」主語の発想で、自分が「マイク」を握りつづけるかぎり、雑談はいつまでたってもうまくなりません。**

☑ 自分のことを話すと気持ちいい理由

人は相手の聞きたい話より、自分の話をしてしまいがち。

人は会話の60%、自分の話をし、ＳＮＳ上では、80%が自分の話なのだとか。

「自分のことを話すとき、人はお金や食べ物、セックスと同じような快感を覚える」

ハーバード大学の神経学者が、こんな驚きの研究結果を発表しています。

自分の話をするとき、食事やセックス、お金、ドラッグなどによって分泌される「快楽ホルモン」ドーパミン放出と関連する脳の部位が活発化するのが確認されました。

お金をもらうより、自分の話をすることを選ぶ人のほうが多いという実験もあります。

雑談で「あの人の話が止まらない」のには、こういう理由があるのです。

☑ 相手に「マイク」を渡してみよう

これを裏返すと、**相手に「マイク」を渡し、話をさせて、聞いてあげれば、相手を快楽ホルモンで包み込んであげられる**ということ。

雑談本をめくり、「私は何を話そうか」と考えていては、雑談はうまくなりません。

「マイク」を相手に渡して、「相手に何を気持ちよく話してもらおうか」と考えることができれば、結果として、雑談や会話はどんどん弾むのです。

☑「口を開く」より「耳を傾ける」ことを優先する

ですから、**雑談・会話では「話す」のではなく、「質問する」「聞く」、つまり、口を開くより、耳を傾けることを優先**させてみましょう。

残念ながら、日本のエグゼクティブはこの「受信力」が圧倒的に弱く、弊社の調査でも、**「人の話を聞かない」ことが、「社長のコミュ力の最大の問題点」**として挙がりました。

しかし、なかには「受信力」が高いトップエリートもいます。

真っ先に頭に浮かぶのは、ソフトバンクの孫正義さんです。

当時はまだ、モバイル事業などを始める前で、大好きだというプリンをもって立ち寄ると、アポなしでも会えるような気さくな偉ぶらない方でした。

「孫さんのすごいのは、決してすぐにノーと言わないこと。とにかく、人の話をよく聞く。そしてその内容を否定することなく、きっちり受け止めてからコメントする」

孫さんをよく知るグループ企業の社長が、そう話していました。

もうひとりは、グローバル企業ＧＥの日本法人の社長である浅井英里子さんです。

浅井さんは、たおやかな笑顔が印象的な、女性リーダーのお手本のような人です。

２０１８年１月の就任後、彼女が最も重視したのが社員とのコミュニケーションの活性化でした。

社長室はなく、フロアの真ん中に仕切りのないデスクを構え、元気がなさそうな社員を見かければ、「どうしたの」と声をかけ、聞き役に回ります。

「質問をし、話を聞き、対話をすることがトップのコミュニケーションの要諦」

と常日頃から語っています。

雑談・会話の達人になるために、まず大切なのは、**最高の聞き手になる**こと。

「あなたが話すときは、あなたは知っていることを繰り返しているにすぎない。
でも、あなたが聞けば、何か新しいことを学べるかもしれない」——ダライ・ラマ

耳と目は2つで、口は1つ。
話す時間の2倍、聞き、相手の目を見る。
二流は「口」を、一流は「目と耳」を動かすのだと心得てください。

ルール4

雑談は「『ど』力」で、必ず上達する。「ど」から始まる質問を極めよう

この6つの質問だけで、簡単に話が弾みます！

では、どうすれば、「相手に気持ちよく話してもらえる」ようになるのか。

そのカギを握るのが**問いを立てる力**、すなわち**「質問力」**です。
これこそが**「会話力の神髄」**といえます。

あなたは30分の会話に何回質問していますか？

みなさん、試しに30分、自分の会話に意識を向けてみてください。

もし30分間に、**相手への質問が3つ以上出ていなければ、要注意のサイン**です。

「自分の話が止まらない人」、あるいは**「話も質問もせず、会話が進まない人」**のいずれかの確率大。

エグゼクティブに限らず、**会話の中で、質問しない人は、驚くほどたくさん**います。

「より多くの質問した人のほうが相手をよく知ることができ、好意的に受け止められ、2回目のデートの確率が高かった」というハーバードビジネススクールの研究もあります。

しかし、多くの人が**「質問力」の驚異的なパワーを過小評価している**のです。

「ど」から始まる質問をすればいい

では、どうすれば、「いい質問」ができるのか。

雑談に悩む社長に、私は**「ど」の質問力を極める**ことをアドバイスしています。

やり方は簡単。

「ど」から始まる質問をしていけばいいだけです。

「ＹｅｓかＮｏで答える『クローズドクエスチョン』」よりも、「相手に自由に答えさせる『オープンクエスチョン』」のほうが話は弾みやすいといわれます。

「６Ｗ１Ｈ（Ｗｈａｔ、Ｗｈｏ、Ｗｈｅｎ、Ｗｈｅｒｅ、Ｗｈｙ、Ｗｈｉｃｈ、Ｈｏｗ）」で始まる質問は、すべて、「オープンクエスチョン」で、どれも**「ど」から始まる言葉に置き換えられます**。

具体的には次の図にまとめたような質問です。

「『ど』×『６Ｗ１Ｈ』」で質問は無限に湧いてきます。

◉「ど」から始まる質問をしよう

① What ——どう、どんな

（例）

「○○についてどう思いますか？」

「どんな理由でそうなったの？」

「どんな○○（本・映画・動物・スポーツ・食べ物etc.）が好きですか？」

「最近、どんなニュースが気になりました？」

「仕事はどんな感じですか？」

「どんな課題がありますか？」

「どんな目標をもっていますか？」

「どんなお仕事をされているのですか？」

「それで、どうしたの？」

「休みの日は、どうしたいですか？」

② Who ——どの（人）、どんな（人）、どなた

（例）

「将来はどんな人になりたいですか？」

「どの芸能人が好きですか？」

「どんな人と一緒にご飯を食べてみたいですか？」

「歴史上の人物に会えるとしたら、どの人と会ってみたいですか？」

「どんな人がタイプですか？」

③ When ——どんなとき、どのタイミング

（例）

「どのタイミングがいいでしょう？」

「どんなときに、心が落ち着きますか？」

「どの季節がおすすめですか？」

④ Where ——どこに、どこで

（例）

「どこに行きたい？」

「これはどこで買ったの？」

「どこのご出身ですか？」

「どこに住んでいるんですか？」

⑤ Why ——どうして

（例）

「どうして、これが人気なんでしょう？」

「どうして、ここにいらっしゃったんですか？」

「どうして、こんなことになったんでしょう？」

⑥ Which ——どれ、どっち、どちら、どの

（例）

「犬と猫どっちが好きですか？」

「どれがいい？」

「どの国に行きたいですか？」

「どちらのメーカーの製品をお使いですか？」

⑦ How ——どう、どうやって、どうしたら、どのように

（例）

「最近、調子はどうですか？」

「どうしたらいいと思う？」

「どうやってやったの？」

「どのようにこの問題を解決しますか？」

55〜56ページの図表で太字になっている中でも、

「どう思う?」

「どんな○○が好き?」

「どうしたい?」

「どこの出身?」

「調子はどう?」

「どうしたら?」


とくにこの6問さえ覚えておけば、5分、10分の会話は難なく切り抜けられるでしょう。

エグゼクティブの方々には、**「『どう』を知れば、動じません」「大切なのは『ど』力」**などと、ちょっとオヤジギャグを交えて、お教えしています。

あとで、「うまくいったよ」という反応を聞くのが、楽しみな裏ワザのひとつです。

ルール5

「4種の質問」を使い回せば、会話は途切れない

「質問→聞く→質問→聞く→自分の話」で雑談マスターに！

ただ、「ど」真ん中の直球質問ばかりでは、話が一方的になり、続けにくいですよね。

ですから、**「質問の名人」ほど、「変化球」も織り交ぜて、流れるように話を進めます**。

質問は「4種類」に分けられる

ハーバードビジネススクールの研究によると、質問は次の4種に分けられるそうです。

①「元気ですか？」「どちらの出身？」などという「導入質問」

②聞かれた質問と同じ内容を聞く「聞き返し質問」
③相手が言ったことに関する「フォローアップ質問」
④トピックを変える「ギアチェンジ質問」

あなた　どこの出身ですか？（導入質問）
相　手　山形です。
あなた　山形ですか。（聞き返し質問）
いいところですねえ。どの温泉がおすすめですか？（フォローアップ質問）
相　手　銀山温泉がいいですよ。街並みがとても風情があります。
あなた　山形の食では、どんなものがおいしいですか？（ギアチェンジ質問）
相　手　山形といえば芋煮が有名ですが、冷やしラーメンというのが僕は好きで。
あなた　へえ。食べてみたい！　ラーメンといえば、じつは私もこの前、おいしいお店を見つけたんですよ。（自分の話）

こんな具合に質問の「球種」を少しずつ変えながら、**「質問→聞く→質問→聞く→時々自分の話をする」というサイクルを回す**。

それだけで、みなさんも**あっという間に雑談マスター**です。

「質問ばかりされるのはいやだ」という人は、逆に質問を返せば、「マイク」は向こうに渡ります。

他方、一方的に話す人に対しては、「自分が聞きたい話に関する質問」をすれば、話題をシフトさせることもできます。

どんどん、**「どカ」**を極めてみてください。

ルール 6

「大ヒット商品の法則」で、相手が喜ぶ話のネタを見つける

人間の興味は基本、「半径10メートル以内」にあります。

「聞く力」と「ど力」を習得後、次にやるべきは、いま述べた「質問→聞く→質問→聞く→時々自分の話」サイクルの最後の、**「自分の話をする」の技術を磨く**ことです。

「相手の心を掴む話」の秘訣は、**会話のネタを、絶対にハズレのない「関係」「関心」「価値」という「鉄板3Kネタ」に絡むものにする**ということです。

ひとつずつ解説していきましょう。

☑ 相手に「関係」があることなら、喜んで聞いてくれる

まずひとつめは「関係」です。

みなさんは何に興味がありますか？

家族や健康、お金、友人、仕事、趣味……。

有名なアメリカの心理学者マズローは人間の根源的欲求には、「生理的（生命維持）」「安全（身の安全）」「社会的（所属と愛）」「承認（認められたい）」「自己実現」の5段階がある

と説きましたが、**人の興味や欲求のほとんどは、すべて自分に「関係」あるもの**です。

新型コロナは「大ごと」でも、地球温暖化や難民問題への関心はなかなか高まりません。

結局、**人は「半径10メートル以内の自分に『関係』あること」しか、なかなか自分ごととして考えられないもの**なのです。

「関係」ネタは、「大ヒット商品の法則」で、5つの切り口から探そう

「関係」ネタの具体例をまとめると、次ページの図表のようになります。

身近な悩みを解決し、お得で、役に立ち、社会的にも影響を及ぼす。

「売れる商品の条件」と同じ、ということで、**「大ヒット商品の法則」**と呼んでいます。

雑談や会話を弾ませるコツは、この「大ヒットの法則」にならい、**相手にとって「身近」で、その「悩み」や「損得」に関わり、「便利」で「影響」を及ぼす会話ネタを選ぶ**ことなのです。

◉聞き手に関係があること——「大ヒット商品の法則」を使う

①身近——相手の「身の回りにあり、親しみやすいこと」

「近所に大型スーパーがオープンした」

「会社にかわいい子が入ってきた」

②悩み——相手の「気になっている問題」

「気になっている二の腕をほっそり」

「あっという間に小顔」

③損得——相手にとって「損になること、得になること」

「これは絶対に儲かる」

「これで年間３万円も無駄にしています」

④便利——相手にとって「役に立つこと」

「ここではこんなサービスが受けられます」

「これを使うとこんなに便利になります」

⑤影響——相手にとって「個人的に、社会的に影響があること」

「新型コロナの影響で会社の業績が大幅ダウン」

「今度の人事異動で〇〇さんが上司になるらしい」

ルール 7

「スキャンダルの法則」で、相手の「関心」をわしづかみにする

「有名人のしくじりネタ」が注目を集める理由が、これです。

鉄板3Kネタの2つめは**「関心」**です。

相手が「関心」をもっているネタを話そう

相手が「関心」をもっているネタであれば、労せずして、聞いてもらえますよね。
同じく「関心ネタ」の具体例をまとめると、次の図表のようになります。

売れなかった芸人が一躍、流行ネタで、有名になったけれど、大失敗をして、人々の感

◉聞き手に関心があること——「スキャンダルの法則」を使う

①流行——最近のこと、流行り

「いま一番流行っているスイーツは○○」

「大ヒット中の映画○○は絶対見ないと損」

②有名——有名な人や企業

「アップルの新製品」

「トヨタの次世代カー」

③苦労・失敗・葛藤——困難をどう乗り越えたか

「極貧ホームレスが年商1億円の社長に」

「一世一代の大舞台で、まさかの大失敗」

④感情——驚きや怒り、喜びなど感情を呼び起こす話

「あおり運転を繰り返すこと100回以上」

「難病を乗り越えてオリンピックで金メダル」

⑤告白——秘密、はじめて話すこと

「私、じつはあなたが好きなんです」

「僕、じつは大金持ちの御曹司」

⑥変化——何か新しいこと、増減

「○○社の株価が1週間で2倍になった」

「感染者が半分に減った」

情（怒り）を揺さぶり、涙の告白、という人生の変化のストーリー。

「有名人のしくじり」がこれだけ注目を集めるのは、まさに人が「関心」をもつ要素がてんこ盛りだからというわけで、これを私は**「スキャンダルの法則」**と呼んでいます。

エグゼクティブの方々は自分の「成功話」を語りたがりますが、人が聞きたいのは、むしろ「しくじり話」のほうなのです。

世界最大規模の保険会社の日本法人、ＡＩＧジャパンの執行役員、林原麻里子さん。

彼女は、学生時代にいじめを受けたり、極貧生活を送ったり、また、シングルマザーとして、数々の苦労を乗り越えてきました。

その波乱万丈のストーリーがあまりに面白いので、「一切合切のカミングアウト」をおすすめしました。

その「しくじり」をさらけ出すストーリーが、社内外で共感を集めています。

ルール8

「おれ、すごいぞ」ではなく、「あなたはすごい」を伝える

「相手の価値」を伝えていますか?

いま雑談の鉄板トピックスとして紹介した「関係」「関心」に続く、3Kネタの残りのひとつ、そして、**じつは最も重要ともいえるのが「価値」**です。

人はついつい「自分の価値」をアピールしがち

たとえば、みなさんが上司から声をかけられるとして、次のどちらのほうが、よりモチベーションが上がるでしょうか?

A　私は社内ナンバー1の実績を5年連続であげ、何度も表彰された。

B　斎藤さんは会社になくてはならない存在だね。やはり、任せるなら君だな。

もちろん、Bのほうですよね。

知らないうちに、**「昔話」「説教」「自慢話」の森**に迷い込んでいる人はいませんか。

人は自分の経験の話をし、手柄や長所など、「自分の価値」をアピールしてしまいがち。

それは**「自分には価値のある話」でも、「聞き手に価値のある話」とは限りません。**

「おれ、すごいぞ」ではなく「あなたはすごい」

聞き手が最も耳にしたいのは**「話し手の価値」**ではなく**「聞いている自分の価値」**です。

誰だって自慢されるより、ほめられたいもの。

端的にいえば、**「おれ、すごいぞ」ではなく、「あなたはすごい」を聞きたい**のです。

だからこそ、「自分の話をする」ときは、たんなる自己アピールで終わらせず、**「相手の価値」をしっかり、伝える**。

それが雑談の秘訣であり、「ほめ方」をマスターすれば、好感度はぐっと上がるのです。

エリートが実践している「脱『自己アピール』」の話し方

何度も申し上げましたが、鉄板とされる雑談ネタ、たとえば、旅でも健康でも食でも、相手に興味がなければ、刺さりません。

重要なのは「どんなネタか」ではなく、それがどれだけ聞き手にとって「関係」「関心」「価値」があるネタなのか、それに尽きます。

雑談、会話や、プレゼンでも、「相手を惹きつける話」にはこの３Ｋが満載です。

「３Ｋネタのお手本」として、トヨタ自動車の豊田章男社長の事例を紹介しましょう。

豊田章男社長が２０１９年に行った、母校アメリカ・バブソン大学の卒業式でのスピーチのメーンメッセージは「ドーナツを見つけてください」。

勉強ばかりしていて何の楽しみもなかった大学時代、「ドーナツ」が大好きだったというエピソードを紹介し「夢中になれるものを見つけて」と訴えたのです。

そして、聞き手目線の「関係」「関心」「価値」の３Ｋネタを次々に繰り出しました。

「みなさんは大物になる」

「才能あふれるみなさん」

と持ち上げたかと思えば、

「私も、今夜のパーティーに入れてもらえません？」

などとユーモアたっぷりで話し、会場を何度も爆笑の渦に巻き込みました。

「情熱を温めつづけてほしい」

などと呼びかけましたが、「トヨタは最先端のイノベーションで、社会に貢献」などといった陳腐な宣伝文句も、上から目線の「訓示」も一切ありませんでした。

こうやって、世界のエリートは、**「徹底的な相手目線」を貫き、脱「自己アピール」の話し方で聞き手を魅了**するのです。

第2章

「モチベーションの魔術師」になれ！

——やる気をかきたてる ほめ方・叱り方のルール

ほめられたいのに、ほめられない日本人

前章の最後で、「相手の価値」を伝えながら話すというテクニックを紹介しました。

これは言い換えると、**いかに「ほめ名人」になるか**ということでもあります。

海外のエグゼクティブと会話をして、実感するのが「賞賛力」の高さです。

真のエリートほど、きちんと**「相手を育て・動かす一流のほめ方」を身につけており、それによって、まわりの人の心をわしづかみしている**ものです。

一方で、日本では「人を甘やかす」といって、ほめることに否定的な風潮もあります。

弊社で行った調査では、**８割の会社員が「ほめられたい」と思っているのに、実際にほめられている人の割合は、たったの４割**という結果でした。

日本企業に蔓延する「ほめない」病。

でも、ちょっとした言葉で、相手をいい気分にし、大いにエンパワー（力づけ）できるのですから、**「ほめ力」はもっともっと活用し、「ほめ名人」になりたい**ものです。

ルール
9

「ミカンほかん」の法則で、相手をいい気分にさせる

真のエリートは「承認（みとめる）」「共感」「賞賛（ほめる）」「感謝」の達人です。

では、「一流のほめ方」とは、どんなものでしょうか。

「ミカンほかんの法則」をマスターしよう

そのカギは、次ページの図表にある**「承認（みとめる）」「共感」「賞賛（ほめる）」「感謝」**の4つを組み合わせながらほめることです。

それぞれの言葉からとって、**「ミカンほかん（保管）の法則」**と私は呼んでいます。

◉「最高のほめ方」は４つを組み合わせる

①「承認」―― 相手の存在や行動に気づき、認めること

（例）

「なるほど、そういうやり方もあるね」

「最近、目の色が違うね」

「毎朝早くから、お弁当づくり、大変だね」

②「共感」―― 相手の気持ちや意見に同調し、賛同・肯定をすること

（例）

「その気持ち、すごくよくわかるよ」

「その通りだね」

「つらかったでしょう」

③「賞賛」―― 優れた点をほめること

（例）

「いいセンスだね」

「非常に勉強になったよ」

「さすがプロの仕事だね」

④「感謝」―― 「ありがとう」と礼を言うこと

（例）

「いつも、気を配ってくれてありがとう」

「的を射たアドバイス、感謝の気持ちでいっぱいです」

「助かりました。本当にありがとうございます」

まずは**「承認」**です。自分の変化や努力を認めてもらえたら、うれしいですよね。

「共感」で、肯定し、気持ちを受け止めてもらえたら、安心しませんか。

優れた点を**「賞賛」**してもらえたら、モチベーションもアップしますよね。

さらに、**「感謝」**を示されると、生産性が上がることは、数多くの研究で実証されています。

「ミカンほかん」を実践すると、こんな感じの伝え方になります。

> 大口の契約がとれたそうだね。（承認・認める）
> つらい思いをしたから、余計うれしいよね。その気持ちはよくわかるよ。（共感）
> お客様への心配りも素晴らしかった。よくがんばったよ。（賞賛・ほめる）
> 心からおめでとう。そして本当にありがとう。（感謝）

こんな半沢直樹のような上司がいたら、みなさんのやる気も「倍返し」で、上がるのではないでしょうか。

ルール
10

ほめるときは「す・ぐ・き」が、基本中の基本

おざなりな「ありがとう」「お疲れ様」ですませてはいませんか？

「ほめ力」は、「ある工夫」をするだけで、さらにパワーアップさせることができます。

☑ ほめ力、感謝力のパワーアップには「す・ぐ・き」を使え

そのおまじないとなるのが**「す・ぐ・き」**。

【す】（該当する行動の直後に）**すぐほめる**

【ぐ】具体的にほめる

【き】気持ちを込めてほめる

「よかったね」ですませるより、「さっきのプレゼン、エビデンスに説得力があったよ」というように、**行動に焦点を当て、より具体的に評価**するのです。

そのほうが、「あなたが相手を気にかけている」ことが伝わりますし、どういった行動が賞賛の対象になるのかを、相手側が学ぶこともできます。

この「す・ぐ・き」は、「賞賛」だけでなく、「承認」や「共感」「感謝」を伝えるときにも有効です。

投げやりな「ありがとう」ではなく、**「今日は忙しいのに仕事を手伝ってくれて、ありがとう」**。

おざなりな「お疲れ様」の代わりに、**「一日、笑顔でがんばってくれたね。お客さんも喜んでいたよ」**。

こうやって**もう一声「盛ってみる」**ことで、気持ちの伝わり方が変わってくるのです。

ルール 11

「ほめる6：叱る1」が、科学的に証明されている黄金比率

相手の心に届く「建設的な叱り力」ができていますか？

とはいえ、実際には、ほめてばかりもいられませんよね。

たとえば部下に対しては、時にきちんと叱り、改善を促さなければなりません。

相手を「正しく叱る力」も必要です。

しかし残念ながら、最近はすぐに「〇〇ハラ」などと批判されかねず、エグゼクティブの方からは、「叱るのが難しい」というお悩み相談を、よく受けます。

叱りもしないが、ほめもしない。

「コミュレス」では士気も株価も上がりません。

「1回叱ったら、6回ほめる」が、科学的に証明された最適割合

重要なのは「ほめる」と「叱る」のベストミックスです。

じつは「ポジティブとネガティブのフィードバックの最適割合」が科学的に証明されているのをご存じですか？

アメリカのコンサル会社の研究では、**「ポジ6」対「ネガ1」の割合がベスト**という結論でした。

つまり、**1回叱ったら、6回はほめろ**、ということ。

圧倒的な「ほめ」重視で、日本の外資系企業でも、この傾向が、強まっています。

一方で、前述のように、日本は世界に冠たる「ほめられ不足大国」。

多くの日本人が「ほめられたい」のに、その機会が極めて少ない社会です。

じつは、日本の労働者のエンゲージメント（やる気、愛着）は世界最低レベル。

現行の職場コミュニケーションのお作法は機能不全で、まったく使い物になりません。

だからこそ、日本企業の「正しくほめて、正しく叱る力」の改善は急務なのです。

ルール 12

「ほめる→叱る→ほめる」はもう古い。「正しい叱り方」はこれだ！

「叱る」と「ほめる」をしっかり分けて、「4つの要素」を盛り込もう！

では、**世界のエリートが実践する「正しい叱り方」**とはどんなものでしょうか。

☑「ほめる→叱る→ほめる」というサンドイッチ話法は時代遅れ！

昔から、叱るときは**「ほめる→叱る→ほめる」というサンドイッチ話法にしなさい、と**

いわれますが、これはもう時代遅れ！といわれています。

なぜなら、人は心理的にネガティブワードに引っ張られてしまいがちだからです。

ほめワードの無駄遣いになりますし、逆に、叱るべき内容が、ポジティブワードの陰に隠れてしまうこともあります。

というわけで、ミックスするよりは、**「叱るとき」と「ほめるとき」は、きっちり分けたほうがいい、というのが最先端の考え方**なのです。

ダメな叱り方、エリートの叱り方は、ここが違う

人は自ら考え、気づきを得なければ、本質的に変わることはできません。

上手に「質問」をしながら、相手に問題も解決策も自分で発見させるように仕向けるほうが、よほど効果的なのです。

相手の心にしっかりと届く、「建設的なネガティブフィードバック」（批判的な評価を伝え、改善を促す）でなければ、「正しい叱り方」とはいえません。

叱るときは、次の４つの要素を盛り込むようにしてみてください。

①**叱るべき事実**
②**なぜ、それがダメなのか（理由）**
③**それについて自分はどう思うか（主観）**
④**解決策を提示させる**

やってはいけないのは、一方的に考えを押し付ける「説教」や相手を傷つける「決めつけ」。

相手を主語に「だから、お前は○○なんだ」と非難するのではなく、自分を主語に、「私は非常に残念に思った」というように思いを伝えるようにするのです。これは子どもにも使えるテクニックですね。

【ダメな叱り方】

上司　報告をしなくちゃダメじゃないか！　忘れるとはどういうことだ!!　無責任だ！　君はそういうところがダメなんだ！（激怒）

部下　すみません……。

【グローバルエリートの叱り方】

上司　今日、大切な報告がなかったね（事実）。これがないと、全体の業務が大きく遅れてしまうんだよ（理由）。僕としては非常に残念だね（主観）。

部下　忙しくて、忘れてしまいました。すみません。

上司　どのような形にすると、忘れないだろうか。（解決策を提示させる）

部下　では、これからはスケジュールでリマインダーが出るようにセットしておきます。以後、気をつけます。申し訳ありませんでした。

ギャラップ社の調査では、たとえネガティブでも、フィードバックがあった人のエンゲージメントは、まったくフィードバックを受けない人の20倍にものぼったそうです。

最悪なのは、ポジもネガも、何のコミュニケーションもないこと。

Noダメ出し！　Noだらだら説教！　No Moreやる気泥棒！

正しくほめて、正しく叱り、**「モチベーションの魔術師」**になってください。

第3章

誰もがうなずき、納得し、感心する！

――頭がいい人のシンプルクリアな説明のルール

リモート時代だからこそ、求められる説明力

「端的に伝えられない」「話がついつい長くなる」。

ウェブ会議が多用されるリモートワーク時代に突入し、私のもとにも、悩める企業幹部からのＳＯＳが殺到しています。

簡潔に要点を伝える技術が、これまで以上に必要とされるわけですが、これが苦手な人はじつに多いものです。

ついつい頭の中であふれかえってしまう自分の考えや意見を、上手に「整理整頓」し、言語化し、わかりやすく話す**「説明の達人」のルール**をお教えしましょう。

「説明の秘訣」は、つまるところ、次の２つに尽きます。

「いかにメッセージをパンチの効いた一言に絞り込めるか」

「話の順番を間違えないか」

ひとつめの、いかに「刺さる一言」をつくるかから早速、解説していきます。

ルール13

まずは「13文字以内に絞り込んだ一言」をつくる

「一言で言うと？」にすぐ答えられますか？

みなさんがコンビニに行って、中身は同じで、パッケージの名称が次の3つのように異なる商品が売られていたとしたら、どれを選びますか？

①野菜スープ
②ゴロゴロ根菜の旨味ポトフ
③皮をむいたジャガイモ、ニンジン、レンコンを一口大に切って、細切りにしたベーコンと一緒に水から3時間煮込んで、塩コショウとコンソメで味付けしたスープ

①だと素っ気なさすぎて魅力的でない。③は長すぎて、パッと認識しづらい。

やはり**ひと目で、何がセールスポイントなのかがわかる商品名がベスト**ですよね。

となると、「②が一番わかりやすい」のではないでしょうか。

「言いたいことを一言でまとめる」クセをつける

このことからもわかるように、お客さん（聴衆）に買って（わかって）もらうには、**商品（情報）の一番の「セールスポイント」を凝縮したキャッチコピーが大事**になります。

「説明の達人」になるカギは、この「一言」をつくれるかどうか。

「うまい、やすい、はやい」（吉野家）
「お、ねだん以上。」（ニトリ）
「お口の恋人」（ロッテ）

企業に一言でその強みや世界観を表し、他社との差別化をするスローガンがあるように、私たちも、まずは**「言いたいことを一言でまとめる」クセをつける**必要があります。

「13文字以内に絞り込んだ一言」に

最も訴えたい結論やキーメッセージをインパクトのある強い一言にギュギュッと凝縮する工程は、**雑誌や新聞の記事に、タイトルや見出しをつけるようなもの**です。人はまず、見出しを見て、読むかどうかを決めるわけで、それもなくだらだらと続く記事を読んでくれる人はいませんよね。

新聞の見出しが1行9〜11文字で、2行だと合わせて20文字程度。10〜20字が望ましいわけですが、日本最大のポータルサイトＹａｈｏｏ！ニュースの見出しに合わせて、**13文字以内に絞り込む**ことをめざしてみましょう。

この長さだと、**「読ませる」より、「見せる」ことで、直感的に理解されやすい**からです。

まずは、一言「13文字以内」が目標です。

ルール
14

3つのステップで、「魂の一言」に磨き上げる

言葉の「お片付け」で、心ときめく一言に。

英語では、冗談のオチやキーフレーズを「punchline（パンチライン）」といいますが、どうすれば**「相手の心をノックアウトする、パンチのある13文字」**をつくれるでしょうか。

☑「インパクトのある13文字」をつくるための3ステップ

私がエグゼクティブにアドバイスしているのは、世界で注目の片付けコンサルタントの近藤麻理恵さんにならった、**言葉の「お片付け」**の3つのステップです。

ステップ❶ ▼ 言葉の「棚卸」をする

まずは、言葉の棚卸。

言いたいことを脳内のワードローブやタンスから全部出して、並べてみます。

（例）「コミュニケーション」「話し方」「愛される」「信頼される」
「コツ」「方法」「コミュ力」「方程式」「ルール」

ステップ❷ ▼「心が動く言葉」をピックアップ

次に、棚卸した言葉をふるいにかけ、**「とくに心が動く言葉」をピックアップ**します。

（例）「コミュ力」「ルール」

ステップ③ ▼ 5つの方法で、13文字程度に「たたむ」

最後に、キュッと、コンパクトに**13文字程度に「たたみ」ます**。

ここが肝になるわけですが、ただ短くするだけではインパクトが出ません。人の注目を引き、**心をときめかせる言葉**にする必要があります。

それには、次ページの図表にまとめたような5つのコツがあります。

☑ 私の心に最もしみた「一言見出し」——「?↓!」の事例

図表の最後にある「?↓!」を、トップエリートはうまく活用しています。

第1章の最後で紹介した豊田章男社長の「ドーナツを見つけてください」の実例は、この**「?↓!」スタイルの代表例**といえます。

私がこれまで見聞きした中で、最も心にしみたひとつが、次の「一言」です。

◉5つの方法で、キーメッセージを13文字程度にたたむ

①たとえ——ありきたりではなく、意外なものにたとえる

（例）コミュ力は筋肉の如く鍛える
　　　コミュ力は人生の起動ボタン

②数字——「具体的な数字」を入れる

（例）コミュ力の必勝方程式7選
　　　愛されるコミュ力の3大ルール

③ベネフィット——「相手にとって得すること」が伝わる言葉を入れる

（例）コミュ力で生涯年収を2倍に
　　　就活も婚活もコミュ力次第

④チカラのある言葉——「最強」「世界一」「神○○」「○○力」など強い言葉を掛け合わせる

（例）直伝！　世界最強のコミュ力
　　　コミュ力の「神」方程式、初公開

⑤「?→!」——最初は「えっ?」と思わせて、あとで「なるほど！」と思わせる、謎めいたもしくは扇情的な言葉を入れる

（例）コミュ力はのび太に学べ！
　　　コミュ力なんかなくていい

２００８年に46歳で夭折したアメリカの天才作家、デヴィッド・フォスター・ウォレス。名スピーチとして名高い、ケニオン大学での卒業式辞の中で、彼は多くの寓話を取り入れました。その中のひとつが、こういうものです。

> ２匹の若いサカナが泳いでいると、年上のサカナが泳いできて、すれ違い様に、こう言いました。
> 「おはよう少年たち。今日の水はどうかね」
> ２匹のサカナはしばらく泳いでから、顔を見合わせて言いました。
> 「水って何なのさ？」

彼はスピーチの中で、**「This is water（これは水です）」**という言葉を繰り返しました。この一言を通じて、彼は「人生において、最も明白で大切な現実は、得てして最も見えづらく考えにくいもの」「その最も大切なものを見失わないで」と訴えたのです。

「イノベーション」や「構造改革」などの無味乾燥な言葉では世界を動かせません。

5つのコツを参考に、あなたの「一言」に魂を吹き込んでください。

ルール 15

アメリカの子どもが必ず学ぶ超基本！「結論→中身→結論」の「ハンバーガー話法」

説明にも、順番の「鉄板ルール」があります。

ただし、いくら「素晴らしい13文字の一言」をつくっても、話の順番がめちゃくちゃでは相手に伝わらず、説得もできず納得もさせられません。

説明には**「正しい順番」**があります。

説明の場面では、話し手は、聞き手をゴールに導く「水先案内人」「ガイド」です。

それには、**「いまどこにいて、どこへ連れていくのか」**を示し、**聞き手を迷子にしない**ことが大切になります。

順序もストラクチャーもなく、ただ、だらだらと話す**「あみだくじ話法」**では、聞き手は「いま自分が何合目にいるのか」もわからず、「方向感覚」を失ってしまいますよね。

では、どうすればいいのか。

相手を迷子にしない**「説明の鉄板ルール」**をお教えします。

アメリカ人なら、子どものときに必ず教わる「常識」です。

☑アメリカの子どもが必ず教わる「説明の鉄板ルール」

「これから『何を話すか』を冒頭で告げたうえで、その話をし、最後に『何を話したか』をまとめなさい」

（Tell them what you are going to tell them, tell them, then tell them what you told them.）

これはアメリカの子どもたちが、大勢の前で話すときの鉄板ルールとして教わることです。

【Beginning：冒頭】今日は○○○について話します。

【Middle：中身】○○○は…………………です。

【End：最後】○○○について紹介しました。

話す場合には、必ず右の○○○の部分、すなわち、

「キーメッセージ（結論）に当たる一言を、最初に準備し、必ず3部構成にするべし！」

と幼稚園のころから、いやというほど、叩き込まれるのです。

よく、キーメッセージのパンで中身の肉を挟む「ハンバーガー」の形で教えられます。

冒頭と最後に、先ほどのルール14（90ページ）で編み出した「一言結論」をもってきて、その間に「中身」を挟み込む。

まずは、この**「結論→中身→結論」の「ハンバーガー話法」が、説明の超基本**になります。

ルール 16

「結論→理由→事例→結論」で、すっきり簡単「「なぜなら」ロードマップ」

とりあえず、「なぜなら」をつけるだけで、説得力は倍増します。

「結論→中身→結論」のハンバーガーの「中身」をつくるときには、3つの「ロードマップ」を活用するのを私はおすすめしています。

「結論→理由→事例→結論」の順番で話そう

ひとつめが**「なぜなら」ロードマップ**。

「中身」の部分を「理由→事例」と分けて、**「結論→理由→事例→結論」の順番で説明**していくという話し方です。

たとえば、「コミュ力で年収2倍」という結論の話は、次のようになります。

結論

コミュ力であなたの年収は倍増します！

中身

〔理由〕なぜなら、コミュ力とは、人脈力、問題解決力、決断力など、ビジネスの成功に必要なすべての力を授けてくれるからです。

〔事例〕たとえば、人脈力。ともに支え合う仲間、つながりはあなたのビジネスの礎になるでしょう。伝説の投資家、ウォーレン・バフェットはこう言っています。

「コミュ力を磨けば、あなたの生涯価値は1・5倍になる」

結論

コミュ力はあなたの年収を2倍、いえ、100倍に増やす力なのです。

こうした話し方は、英語では、「Point-Reason（理由）-Example（事例）-Point」もしくは「Point-Evidence（根拠）-Explain（説明）-Link（結論にリンクする）」を略して**「PREP、PEELフレームワーク」**などと形容されます。

とりあえず、「なぜなら」「なので」を添える。それだけでも効果絶大！

じつは、**言いたいことに「なぜならば」をくっつければ、どんな話でも意外と説得力をもたせられてしまう**ものなのです。

ハーバード大学のエレン・ランガー心理学教授が行った面白い実験があります。

3通りの言い方で「先に5枚コピーをとらせてほしい」と伝え、どの言い方が最も効果的

◉聞き手を迷子にしない3つのロジックロードマップ

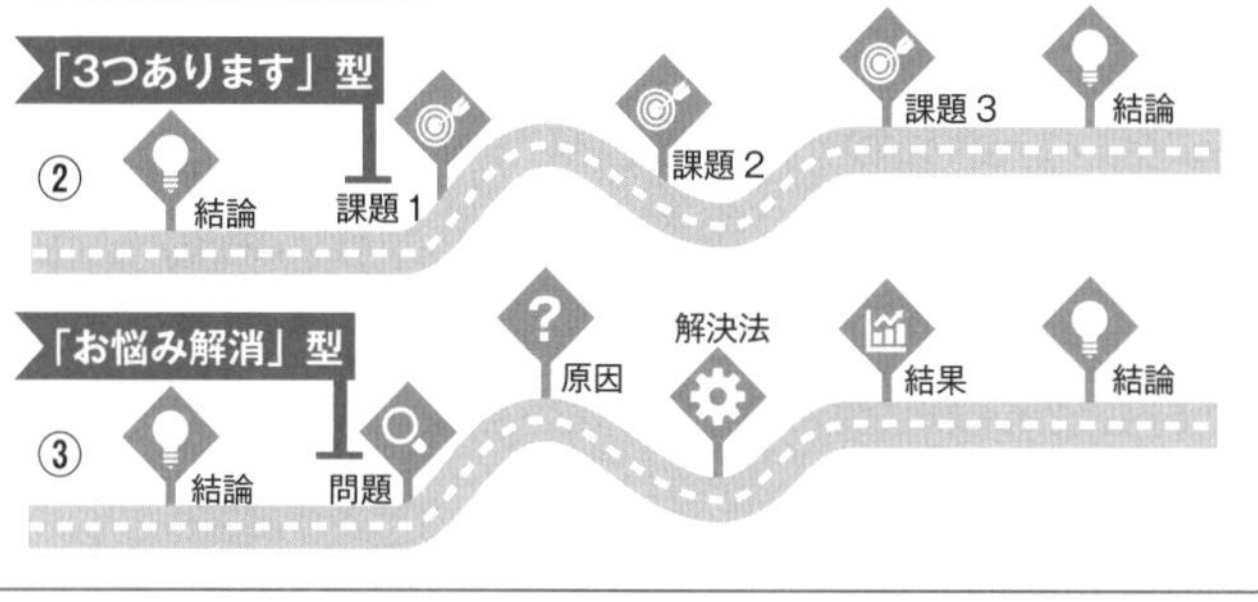

だったかを検証しました。

①「すみません、5枚なのですが、先にコピーをとらせてください」

②「すみません、5枚なのですが、急いでいるので先にコピーをとらせてください」

③「すみません、5枚なのですが、コピーをとらなければいけないので、先にコピーをとらせてください」

コピーを先にとらせてもらえた確率は「①は60％」「②は94％」「③は93％」でした。

「急いでいるので」と「理由」を説明すると、格段に確率が上がるということですね。

でも③をよく見てください。

「コピーをとらなければいけないので」は、まっとうな理由になっていません。

でも、**「because（なぜなら）」が入っているため、②と同等の効果を発揮した**のです。

私はニューヨーク時代、ホームレスの話し方をよく観察していました。その「プレゼン力」によって、集まる金額がまったく違ってくるのが、非常に興味深かったからです。

「Give me some change（小銭をください）」と言いながら、カップを差し出す人がほとんどなのですが、時々、毛色の違う「アピール」をする人も。

一人のホームレスが地下鉄の車両に乗り込んできて、こう言いました。

「みなさん、私をただのホームレスだとお思いでしょう。じつは私はまじめな軍人でしたが、ホームレスにならざるを得ませんでした。なぜなら、私は非常に珍しい骨の病気にかかってしまったからなんです……」

びっくりするほどたくさんのお金が、彼のカップに投げ込まれました。

「お小遣いを上げて」「ちょっと手伝って」「この商品はおすすめです」……。

どんな主張にも、**とりあえず、「なぜなら」「なので」を添えてみましょう。**

それだけで説得力が劇的に上がりますよ！

ルール 17

とことん説明をシンプル&クリアにする【「3つあります」ロードマップ】

世界のリーダーも多用する超メジャーな必勝話法！

説明の方法で、2つめにおすすめなのが**「3つあります」ロードマップ**です。

結論を述べて、「その理由やポイントは3つあります」と説明をしていく方法です。

この「3つ」は、たとえば、**「ポイント」「理由」「課題」「時間軸（過去、現在、未来）」「場所（欧米、アジア、日本）」**別など、さまざまな分類法があります。

「3つあります」ロードマップを使って、私が自分の会社のサービスをアピールしようとすれば、次のようになります。

【結論】

弊社が提供しているのは、唯一無二のリーダー向け「コミュ力改善プログラム」です。

【中身】

大きく3つの差別化ポイントがあります。

（1）完全なグローバルスタンダードのノウハウ、

（2）リーダー層に特化し、圧倒的な実績をもっていること、

（3）絶対的なブレイクスルー効果を生むユニークなメソッドです。

【結論】

驚異的な成果をお約束します。

世界のリーダーたちの「3つあります」の実践例

「3つあります」は世界のリーダー、エグゼクティブの間でも多用されています。

たとえば、シンガポールのリー・シェンロン首相のコロナ禍での会見。

> 医療、経済、心理という3つの側面からお話をします。
> 重要な点についてここで申し上げます。第一に……、第二に……、第三に……。

といった具合です。リー首相は品がありながら、熱のある話し方が特徴的ですが、論理的でわかりやすい説明スタイルで国民から厚い信頼を集めています。

アマゾンのジェフ・ベゾスCEOもよく、「3つあります」を口にします。

> これに3つのビッグアイディアがある。長期視点で考えること、顧客が宇宙の中心であること、発明を続けることだ。

「われわれは『品揃え』『利便性』『低価格』の3つの要素を大事にしている」も常套句。

アマゾンの社内コミュニケーションルールのひとつに、「バス停が近づき、降りようとしている相手に、3つ伝えるとしたら何を伝える?」というものがあるそうです。

「ポイントは3つに絞り込め!」を徹底させているのです。

中国の有名起業家、アリババのジャック・マーさんの「3つ」はこんな形です。

> **成功には「EQ（心の知能指数）」「IQ（知能指数）」そして「LQ（Love Quotient、愛の指数）」の3つのQが必要だ。**

常に、熱量の高いマーさんですが、「心に残る言葉」づくりには情熱を惜しみません。

このように、**世界のトップエリートは「3つある」を口癖にしている**のです。

「3つあります」を使うときの2つの注意点は？

では、なぜ、2つでもなく4つでもなく、3つなのか。

それは、**3が多すぎず、少なすぎない、ちょうどいい「マジックナンバー」だからです**。

「過去、現在、未来」「金銀銅」など、**「3」は座りのいい数**として、昔から重用されてきました。

「3つあります」は極めて説得力のある話法ですが、「あれ、3つめは何だっけ？」と

なると恥ずかしいので、きっちり覚えておいてくださいね。

また、多用しすぎると飽きられてしまうので**「ここぞ」というときに、活用**しましょう。

ルール18 大統領も通販番組も多用する「お悩み解消」ロードマップ

面白いプレゼンには「共通のフレームワーク」があります。

3つめは、グローバルリーダーの必勝式**「あなたのお悩み解消しますロードマップ」**です。

面白いプレゼンの定番は「問題–解決法」フレームワーク

地に堕ちた「カリスマ」元日産のカルロス・ゴーン氏ですが、在任時は強いコミュニケーションスタイルで名をはせていました。

日本では数えるほどしかいない専属のスピーチライターを抱えており、そのうちのひとりが、アメリカ司法長官のスピーチを手がけた女性でした。

彼女は、「日本では、プレゼンやスピーチはつまらない『エデュケーション』（教育）だが、本来は**『エンターテインメント』**であるべき」と、一刀両断。

プレゼンのコツとして教えてくれたのが、**「面白いプレゼンは基本的に『Problem-Solution Fit』（問題–解決法）というフレームワークを使う」**ということでした。

課題やお悩みなどの「問題」を提起し、その解決法を示すという展開手法です。

アメリカ大統領も、通販番組も多用する「黄金のフレームワーク」

これは歴代アメリカ大統領も多用するホワイトハウス流の「黄金のフレームワーク」です。

たとえば、オバマ元大統領は２００９年の就任演説の冒頭で、

> 私たちは危機の真っただ中にあります。
> わが国は暴力と憎しみの連鎖との戦争のさ中にあり、経済は弱体化しています。
> 家も職も失われ、ビジネスは破綻しました……。

とまず、問題点を列挙したうえで、数々の解決策を提示しました。

このお悩み・問題解決型のロードマップは、**通販番組の定番シナリオ**でもあります。

（問　題）寒くなりましたよね。手足が冷えてなかなか眠れないという方いませんか？
（解決策）そこで、このあったか毛布です！
（問　題）お鍋の焦げつきで失敗してしまった経験ありませんか？
（解決策）そこで、この焦げつかないお鍋を紹介します！

「13文字」＋「①なぜなら」ｏｒ「②3つ」ｏｒ「③お悩み解消」ロードマップ。
この組み合わせさえマスターすれば、誰でもあっという間に「説明の達人」です。

第4章

相手の心をがっちり掴む！

――「ついていきたい」と思わせる人の共感される話し方のルール

☑ 大切なのは、いかに人々の心に寄り添うか

ただロジカルに説明するスキルだけでは、人の心は動きません。

とくにリモート時代には、物理的な距離を乗り越えて、心の距離を縮めるコミュニケーションノウハウが、より重要になります。

コロナ危機において、リーダーの評価を左右したのは、その「伝える力」でした。

大切なのは「話がうまい」ではなく、「いかに人々の心に寄り添い、動かす」ことができるか。

「この人についていけば間違いない」と支持を集めるリーダーたちに、共感と信頼を勝ち取る話し方のコツを学んでみましょう。

ルール19

『教官型』リーダーはもう古い！『共感型』の話し方を身につけよ

相手の気持ちを理解し、寄り添う力が必要です。

コロナ禍では、他国と比べると、重症者数などは抑えられたわが国ですが、政権への支持率は一時、大きく低下してしまいました。

人々の不満の一因となったのが「コミュニケーション」。

原稿を読み上げるだけの会見を聞いて、「そうじゃない」「そこじゃない」とモヤモヤし、がっかりしてしまう人は少なくありませんでした。

一方で、海外の名リーダーの話を聞くと、まるでマッサージで、とても気持ちいい場所をもみほぐされているかのような感覚を覚えます。

「そうそう、そこそこ！」

「感情のツボ」を刺激され、脊髄反射的に、こみ上げるものがあるのです。

世界のリーダーは「教官型」から「共感型」へ変わってきている

いま、とくにリーダーシップ人材に求められているのが**「共感力」**です。

どんなに仕事ができようと、「〇〇ハラだ」と訴えられれば一巻の終わり。

とくに水平的な情報流通と共感をベースとしたソーシャルメディア時代には、**人々の気持ちを理解し、寄り添う力がいっそう必要**になります。

つまり、求められるリーダー像が、**上から一方的に支配・指示する「教官型」**から、**従業員と同じ目線に立ち、その力を引き出す「共感型」**へと変わってきているのです。

世界のトップエリートを見ても、その流れは顕著です。

たとえば、かつて、アメリカの超一流企業において、一世を風靡していたのは、「強権カリスマ型」のスティーブ・ジョブズやジャック・ウェルチでした。

しかし**いまは、ティム・クック、サティア・ナデラといった「共感型」のリーダーが台**

頭し、成功を収めているのが、その象徴といえます。

アップルのティム・クックＣＥＯは、時に攻撃的だったスティーブ・ジョブズとは一線を画し、ことあるごとに多様性や思いやり、共感力の重要性を口にする温厚派です。

どうすれば、自分も人のために尽くすことができるか。これこそ、人生において何よりも大切で、最も大きな問いだ。

ＭＩＴの卒業式では、そんなメッセージを投げかけました。自己中心的に考えがちな現代人に対して、利他視点をもって「誰かに尽くす生き方」の大切さを訴えたのです。

マイクロソフトのサティア・ナデラＣＥＯは著作の中で、「私の情熱はすべての中心に『共感』を置くこと」と記しています。

「障害をもつ２人の子どもを育てる」経験が、「共感」の力を教えてくれたそうです。

「共感こそが、企業にとって最も大切なプライオリティだ」と語っています。

グーグルのサンダー・ピチャイＣＥＯも「愛され系経営者」として知られます。
「ピチャイは思慮深く、親しみやすく、本物の共感をもって答える」（『ザ・バージ』）
「控え目で、人々に共感を示し、サポートを惜しまない」（『フォーブス』）
多くのメディアが、その「人の痛みを感じ取る力」を高く評価しています。

こうした世界のトップエリートに限らず、私がこれまでお話ししたソフトバンクの孫正義社長、資生堂の魚谷雅彦社長、ＺＯＺＯの創業者、前澤友作さんなどは「共感力」が高いのが印象的でした。
しかし、残念なことに、逆の意味で記憶に残っている人もいます。

記者時代に会ったある超大企業の役員は、とにかく尊大で偉そうでした。何を話したかは覚えていませんが、人を見下した口調でひどく不愉快になったことを覚えています。
何年後かに名刺を見返すと、その人の名刺にだけ大きく「×」印が……。

後にも先にも人生でたったひとつの「×」な人はその後、社長になり、一時はカリスマリーダーともてはやされました。

残念ながら、「マキャベリアン*」「サイコパス」「ナルシシスト」という、心理学では「暗黒の三元素（Dark Triad）」と呼ばれる特質をもった「強権型」の人が出世しやすいのは事実です。

しかし、元日産のゴーン氏も含めて、こうしたリーダーが組織に壊滅的なダメージを与えてしまう事例は枚挙にいとまがありません。

実際、このリーダーも、巨額の損失を会社に負わせ、経営を大きく傾かせる結果となりました。

＊マキャベリアン：個人の野望と利益に固執し、人との関係性より、権力や金を優先するといった特質。どんな非道徳的な手段や行為も、国家の利益を増進させるのであれば許されるというルネサンス期の政治思想マキャヴェッリの『君主論』に由来する。

ルール20

トランプに学ぶ、リーダーに必要な「いい気分にさせる話し方」

「いい人」より「いい気分にさせてくれる人」、「できる人」より「できた人」に。

タテ社会の日本では、いまも「強権型」のリーダーがもてはやされる傾向があります。

もちろん、優れた手腕をもつリーダーもいますが、結局のところ、「パワハラ気質の恐怖政治」という事例は枚挙にいとまがありません。

とくに、**非創業系の権力をはき違えた社長が、最も始末に負えない印象**です。

リーダーに必要な2つの資質は?

リーダーには、**「人としての好意度、温かみ(Likability)」**と**「有能さ(Competence)」**

の2つの資質が必要だといわれます。

「ＥＱ」「ＩＱ」とも言い換えられますが、前述のとおり、とくに現代社会で成功していくためには、**「人としての温かみ（ＥＱ）」が「有能さ（ＩＱ）」よりも大切で、影響力をもつ**と考えられており、それを裏付ける研究結果も次々と発表されています。

そういうと、暴言を吐きつづけ、人としての温かみを感じさせないドナルド・トランプが熱狂的な支持を集めるのは不思議かもしれません。

しかし、**彼は「いい人」ではないけれど、支持者を「いい気分にさせる」天才**なのです。

トランプの話し方に学ぶべきこと

トランプ自身には、とくに確固としたポリシーはありません。

ただ、**「支持者の考えや聞きたいこと」を敏感に察知し、言語化することに長けています**。

「社会的に置き去りにされてきた」と憤る白人、あるいはキリスト教信者を中心とする保守層が喜ぶ言葉を次から次へと繰り出します。その信念や信条を肯定し、ほめまくって、承認欲求を満たしつづけます。

つまり、**トランプは支持者にとっての「アバター（化身）」でしかなく、支持者にとって、彼を否定することは、自分を否定する**こと。

ですから、どんなにスキャンダルがあろうと、その忠誠心は変わらないのです。

つまり、**チームトランプのメンバーにとっては、「彼は究極のEmpowerment（力を与える）&Empathy（共感）型リーダー」**ということになるわけです。

ただの「いい人」ではなく、「いい気分にさせてくれる人」へ

こうしたやり方は、ポピュリスト（大衆迎合）と揶揄されますが、だからといって、彼のやり方を邪道であるとバカにしてはいられません。

「誠実に事実を伝える」だけでは、デマゴーグ（扇動者）には太刀打ちできないのです。

ポストコロナは、ポピュリストとは一線を画した次世代リーダーが、**「力を与える&共感」型の話し方**を武器に、社会課題を解決する時代になってほしいものです。

ただの「いい人」「できる人」ではなく、「いい気分にさせてくれる人」「できた人」へ。

自分の能力を振りかざし、強さを誇示するのではなく、**人の気持ちを理解し、時には自分の弱みを認める強さをもつ**。

これがポストコロナのリーダー像。そこに必須なのが「共感される話し方」なのです。

ルール21
「占い話法」と「そう・だ・わ」で、相手の感情のツボを押しまくる

「そうだね」「大丈夫」「大変だね」「わかるよ」の絶大な効果。

では、「共感される話し方」の2つのコツを紹介しましょう。

常に「We（私たち）」という言葉を使う

ひとつめは、**「相手の感情に共感しながら話す」**です。そのヒントは、**人は「好意を見せてくれる人」に好意を抱くという心理学の「好意の返報性」**にあります。

つまり、**人は「自分に共感してくれる人」に共感する**ということ。

この手法がうまいのは、ニューヨーク州のアンドリュー・クオモ知事です。

> 誰もが恐怖を覚えています。誰もが臆病になっています。
> （中略）ただ、ずっと続くものではない。われわれはきっと乗り越えられます。
> われわれは同じ戦いを戦っています。
> われわれはいま、みんな同じ塹壕《ざんごう》にいるのです。

ニューヨーク州のクオモ知事は毎日、会見を開き、コロナ危機で不安と恐怖に震える

人々に徹底的に寄り添い、共感し、鼓舞しつづけました。
常に「We（私たち）」という言葉を使い、ニューヨーカーとしての連帯を呼びかけたのです。愛情あふれた語り口は、**「食卓で家族を励ます父親のよう」**と形容されました。

世界から注目を集め、**「地球上で最も有能な指導者」**とまでいわれる女性リーダー、ニュージーランドのジャシンダ・アーダーン首相も、「共感型」リーダーの代表格です。

コロナ危機を抑え込んだことで、その手腕が高く評価されましたが、彼女は会見やソーシャルメディアを通じて、孤独や不安を感じる国民を激励しつづけました。

夜、自宅から国民に、スウェット姿で語りかけたり、子ども向けにメッセージを発信したりするなど、徹頭徹尾、一人ひとりに寄り添い、やさしさで包み込みました。

> まず第一に、あなた方はひとりではありません。
> みなさんは、私たちがこの国のかじ取りをする様子を毎日、見て、聞くことになるでしょう。
> われわれがしていることは、完璧ではないけれど、基本的に正しいものです。

私もアーダーン首相には、仕事でお目にかかったことがあります。

偉ぶるところがまったくなく、笑顔を絶やさない「等身大」の親しみやすさ、あふれ出るエネルギーが非常に印象的でした。

きれいな巻き髪にピンヒール、ルージュの口紅と、「女性らしさを前面に出した魅せ方」にも戦略性を感じました。

聞き手がもっている感情をくみ取り、代弁する

「気持ちはよくわかるよ」

「不安だよね、でも大丈夫だよ」

聞き手がもっている感情をくみ取り、代弁する。

すると、**「悩みや気持ちをわかってくれた、言い当ててくれた」**という気になりますよね。

思わずその人のことを信じてしまう、まるで「占い」のような効果を発揮する。

これを私は**「占い話法」**と呼んでいます。

先ほど紹介した2人も、この**「占い話法」によって、多くの人の心を掴んだ**のです。

「そう・だ・わ」を口癖に

「そうは言っても相手の気持ちなど、簡単には読み取れない」

というエグゼクティブに私がアドバイスしているのは、

- 「そうだね」
- 「だいじょうぶ」（もしくは、「大変だね」）
- 「わかるよ」

この3つの頭文字をとって**「そう・だ・わ」を口癖に**してみましょう、ということです。

それだけでも、相手には「寄り添ってくれている」「わかってくれている」という印象を残すことができます。

こうした**話し方が、「それじゃない」を「それそれ！」に、「そうじゃない」を「そうそ**

う！」にあっという間に変えていってくれるのです。

ルール 22

「心の警報装置」を鳴らし、共感を得る

「怖い」×「許せない」×「面白い」がトランプ流です。

「共感される話し方」の2つめのコツは、**相手の感情を刺激して、話し手と聞き手の間に共感状態をつくり上げる**ことです。

☑ トランプは「感情砲」を次々と打ち出し、一体感をつくる

「共感王」トランプの話し方を思い浮かべてください。

「メキシコの不法移民はレイプ犯だ」「バイデンは社会主義のトロイの木馬だ」中国や不法移民、WHO、民主党など、**「共通の敵」をつくり、彼らを罵倒することで、支持者の間に「怒り」や「恐怖」といった負の感情を植え付け、共有させます。**

そうやって、**連帯感を生み出し、彼らに打ち勝つ快感**を覚えさせます。

敵をバカにし、引きずり下ろすことで、人々の「ルサンチマン」（強者に対して仕返しを求める恨みの念）を刺激し、その溜飲を下げさせます。

その語り口は、とにかく面白く痛快です。

「怖い」×「許せない」×「面白い」

この3つの掛け算が、トランプの話し方の特徴のひとつなのです。

次から次へと「感情砲」を打ち出し、支持者たちの気分を盛り上げ、宗教的な一体感と忠誠心を生み出していきます。

独裁者の禁断の手法ですが、人はまたたく間に、その渦に巻き込まれてしまうのです。

人は「感情の奴隷」

人間は一日約３万５０００もの決断をしているそうですが、そのほとんどにおいて、**合理的・論理的決断より、直感的な決断が圧倒的に優位に立っている**そうです。

ノーベル経済学者のダニエル・カーネマンも、「人の脳の中には『高速で直感的に物事を判断するシステムⅠ』と『ゆっくりした合理的な判断をするシステムⅡ』があり、人はシステムⅠに頼った直感的判断をしがちである」と結論づけています。

脳の感情をつかさどる部位に障害があると、決断できないという実験結果もあります。

つまり、**人は「感情の奴隷」**だということ。

それゆえ、**いくらエビデンスやデータをそろえて、ロジックをどんなに積み上げても、「感情」を動かせなければ、説得はできないし、共感も得られない**ということです。

「心の警報装置」が鳴ると、人は動く

地球温暖化による被害は、長期的に見れば新型コロナ危機を上回るといわれています。

しかし、どんなにデータを示しても、因果関係が見えにくいため、感情が動きません。

問題が身の回りで起こり、自分に直接の被害が及ぶかもしれない状況になると、**「心の警報装置」**がけたたましく鳴りだし、人は行動を起こします。

「恐怖」を感じると、自分の生命を守るために、**「Fight, Flight, Freeze（戦うか、逃げるか、固まるか）」という生体反応を本能的に起こす**ようになっているのです。

トランプが「恐怖」や「怒り」をあおるのは、そうした感情が強力な行動喚起・動機づけスイッチであることを熟知しているからなのです。

ルール
23

「AHAの法則」で感情を伝染させる

あなたの話に、相手から「ア行」か「ハ行」の感嘆詞が出ていますか？

自分が、共感される話し方ができているか、簡単に確かめる方法があります。

☑ 感情は「感染」する

「人は感情の奴隷」という話をしましたが、もうひとつ大事な点は、**感情はロジックと違って「感染」する**ということ。

「怒り」「喜び」「恐怖」など、強い感情を喚起する情報は、爆発的な伝染力をもちます。

いわゆる「バズる」「炎上する」とは、そういうこと。

話し手の感情を刺激する出来事の前では、ロジックなど白旗を上げるしかありません。

もし、ロジックが人を動かすとすれば、それはそのロジックが何らかの感情を相手に想起させるからにほかなりません。

相手から「ア行」か「ハ行」の感嘆詞が出ているか

あなたの話にどの程度、相手の心が動いているか、共感が生まれているかを確かめる簡単な方法が**「AHA（アハ）の法則」**です。

聞き手から「ア行」か「ハ行」の感嘆詞がどのくらい出るか、想像してみるのです。

◉あなたの話に、相手から「ア行」か「ハ行」の感嘆詞が出ていますか？

【ア行】		【ハ行】	
あっ	気づき	はーっ	感心
いいね	賞賛	ひいっ！	恐怖
うんうん	納得	ふーん	嫌悪
えーっ	驚き	へえ～	意外性
おー！	喜び	ほ～	感嘆

前ページの図表にまとめていますが、どうでしょうか。

もし「あまり出ていないかも……」というのなら、**話にもう少し、「感情」のスパイスを盛り込む**ことを意識してみましょう。

ルール24 「ストーリー」マジックで、相手の心を釘付けにする

海外のエリートたちは皆、一流の「ストーリーテラー」です。

感情の化学反応を起こすのに、最も効果的なのが**「ストーリー（物語）」を使う手法**です。
なぜなら**人は、退屈な「ロジック」より「ストーリー」に共感する生き物**だからです。

私が出会った最もインパクトのある「ストーリーテラー」は？

日本のトップは、つまらない経営論や抽象論を語りがちですが、一流のリーダーほど「ストーリー」を上手に使いこなします。

これまでにお会いしたエグゼクティブの中で、最もインパクトのあったのは、なんといっても、日本電産の永守重信会長です。

発する「気」が強い。そして、京都弁で繰り出す話が「えらいおもろい」のです。

いまでも私が鮮烈に覚えているのが、彼の幼少期の話です。

貧乏で、食べるものにも不自由する生活だった。
ある日、同級生の家に行ったら、見たこともない食べ物を出された。
それがステーキとチーズケーキというもんだった。
衝撃的においしすぎて、「こんなにうまいもんが世の中にあるのか」と驚いた。
そこの親はどんな職業なのかと聞いたら「社長だ」と言われた。

だから、社長をめざした。


次から次へと繰り出されるストーリーのインパクトが強すぎて、20年近くたったいまでも、あのときの会長の表情が、そのままよみがえるほどです。

会長とはその後、何回かお会いしましたが、いつお会いしても、まわりの空気を変えてしまう気迫とエネルギーに圧倒されます。

海外の超一流の「ストーリーテラー」の実例

孫さんも苦労した幼少期、起業時の話をよくされますが、海外のエリートを見渡すと、本物のエリートは皆、一流の「ストーリーテラー」です。

「彼を嫌いだ、バカだと思う社員はひとりもいない」と称される共感系リーダー、グーグルのピチャイＣＥＯが、２０２０年の卒業生に贈ったビデオスピーチも心を打ちます。

「希望をもとう」と呼びかけながら、インドの貧しい家庭での生い立ちを語りました。

10歳まで電話もありませんでしたし、大学院に入るまで、コンピュータにアクセスすることもままなりませんでした。

父は、私のスタンフォード大学院への渡航費に、年収分のお金をはたきました。

そのとき、私ははじめて飛行機に乗ったのです。

アメリカでの生活は苦労の連続。バックパックの値段は父の月収と同じでした。


アマゾンのベゾス氏は２０２０年７月アメリカ下院公聴会で、こう切り出しました。


母は私を産んだとき、ニューメキシコ州アルバカーキの17歳の女子高生でした。

当時、高校生の妊娠は歓迎されませんでした。

彼女は夜間クラスに通い、「子どもを連れてきてもいい」という先生の授業に２つのダッフルバッグを抱えて出席したのです。

ひとつめには教科書を、２つめにはおむつや哺乳瓶を詰めて……。


そして、キューバから移住し、４歳のベゾス氏を養子にした継父の話に移ります。

その後、いまの超大企業にまで成長させた壮大な物語を、議会の席で語り尽くしました。

苦労やしくじり、挫折を重ねて、成功を収める**「Rag（みすぼらしい人）to Riches（金持ち）」の立身出世物語**は古今東西、万人の心をとらえて離しません。

人の集中力は、金魚より短い？

難しい講義を聞きつづけるのは苦痛ですが、面白い映画やドラマなら、飽きることもなく、見つづけられますよね。

こうした**ヒューマン・ストーリーは、人間の脳を刺激し、脳内ホルモンを分泌させます**。興奮やドキドキをもたらすアドレナリンや、ほっとさせるオキシトシンなどといったホルモンが活発になり、感情が刺激されることで、人はその話に釘付けになるのです。

ハラハラ・ドキドキを共有すると、距離が縮まるという「吊り橋効果」も生まれます。

人の集中力は、金魚より短いという説があります。数秒間、話を聞いてみて、つまらなければ、それ以上、聞こうとはしません。

リモート、ソーシャルメディア時代は、その傾向がますます強まっていくでしょう。

つまらない話をとうとうと聞かせるのは、ただの「時間泥棒」でしかありません。

ストーリーには、聞き手の脳をハッキングする効果がある。

だからこそ、**世界のエリートは「ストーリー」づくりに情熱を注ぐ**のです。

ルール
25

「Before」「After」「気づき」を入れた「30秒ストーリー」をつくってみる

「簡単な方程式」でできる最強コンテンツ。

誰にでも必ず「語るべきストーリー」がある

新たに就任した菅義偉首相は、二言目に「私は秋田の農家に生まれ……」と、「非エリート」であることを強調します。

そのストーリーに人々が共感しやすいことを知っているからでしょう。

「自分はそこまで苦労もしていないし、大成功もしていないから、物語なんてない」という人もいるかもしれません。

しかし、**人は誰でも、必ず「語るべきストーリー」をもっています**。

個人だけではありません。企業の話も創業当時の苦労話、開発秘話などストーリー仕立てのほうがよっぽど面白くなります。

私はあるとき、某メーカー社長の海外向けスピーチ作成を頼まれました。

経営改革によって、奇跡の復活を遂げた話をストーリーにして伝えたかったのですが、データをつなげるだけでは聞き手の心を掴めません。

「うちの会社は『（有名な物語の主人公である）○○のようだ』と言われたんだよ」という彼のつぶやきにヒントを得て、「企業をその主人公になぞらえたストーリーにしませんか」と提案しました。

困難を克服し、新たな自分に覚醒した主人公にたとえた筋書きは異色でしたが、社長の卓越したパフォーマンス力もあり、大成功。

聴衆の人気が最も高いプレゼンとして選ばれたそうです。

漢字ばかり、カタカナばかりのコンセプトや抽象論、ファクトやデータばかりの話では、「秒」で忘れられてしまいます。

まずは「30秒で語れるストーリー」をつくろう

ストーリーの力は無限大。とはいえ、日本では、ビジネスの場で自分のストーリーを長々と語ることはまだ、一般的ではなく、気が引ける人も多いでしょう。

ですから、まずは**「30秒で語れるストーリー」から始めてみてください**。

「ストーリー」に必要な要素は3つ。

「Before」と**「After」**、そしてその**「気づき（教訓）」**です。

Before	いじめられて不幸な女の子
After	プリンセス
気づき	勇気を出せば、幸運は手に入る（シンデレラ）

Before　戦争、闘争
After　平和
気づき　力を合わせて戦えば、ハッピーエンドになる（アクション映画のほとんど）

これを個人が活用するために、簡単な方程式に落とし込むと、次のようになります。

Before　じつは私、○○だったんですよ。
After　××して、こう変わりました。
気づき　□□ということを学びました。

ちなみに私のストーリーはこんな感じです。

Before
じつは私、ものすごく恥ずかしがり屋だったんですよ。
知らない人と話すとか、人前で話すのがとにかく苦手で。
そこで、ニューヨークのブロードウェーのアクティングスクールに通ってみました。

After

はじめは、とにかく居心地が悪くて、途中で何度もやめようと思いました。

でも、ひたすら練習し、役に入り込んでみたら、人からの視線が気にならなくなったんですよ。突然に。

気づき

「恥ずかしさ」も限界を超えると、マヒする。

結局、「慣れ」なんじゃないか、って気づいたんです。

太っていた人がやせる、ダサかった人がおしゃれになるなど、「Before + After + 気づき」の「ストーリー」は、みなさんも最後まで見たくなりますよね。

みなさんもぜひ、**「人生の転機や変身のストーリー」という最強コンテンツ**を発掘してみてください。

第5章

みるみるうちに「人が動く」！

——できる人の超「エモロジカル」な説得のルール

「エモロジカルな話し方」で、説得力をパワーアップする

第3章で「ロジカル」な、第4章で感情をくすぐる「エモーショナル」な話し方のノウハウについて触れましたが、**グローバルエリートは、この2つをバランスよく巧みに組み合わせて「説得力のある話」をします**。

たんなる「説明」から、心を動かす「説得」にステップアップするためには、さらに「言葉の力」をグレードアップさせなければなりません。

じつは、**たった一言、言い換えるだけ、添えるだけで、その力は倍増し、人の気持ちは簡単に「起動」できてしまう**ものなのです。

この章では、「論理」と「感情」の両輪を使って、**簡単に人を動かす「エモロジカル」な説得の具体的ノウハウ**を紹介していきましょう。

ルール 26

「五感をくすぐる言葉」で、相手に「絵を見せる」

「情景の浮かばない言葉」ばかりはやめましょう。

エグゼクティブが社内外で話すときの定番パターンは、こんな感じです。

さて、昨今の日本（世界）経済は……

【経済・政情・経営環境などについての解説。「グローバル」「デジタル」「不透明」「進化」「変化」「ニューノーマル」「ポストコロナ」という言葉が頻発】

その中で、弊社は／わが部では……

【会社の経営理念、沿革、経営計画など】

ここで、みなさんには……

【心構えや日頃の仕事への姿勢、期待する行動など。「イノベーション」「変革」「ピンチをチャンスに」などという言葉が定番】

日本のエグゼクティブの「あるある」トーク。

聞いた瞬間から記憶にも印象にも残らない、これぞ文字通りの「無駄話」。

失われる時間、士気やビジネスチャンスなども合わせれば、甚大な経済損失です。

相手に「絵を見せる」ように話しなさい

「やる気」「構造改革」「イノベーション」……。

こうした**「無駄話」の特徴は、感情を動かさない事実や抽象的な言葉ばかりが詰め込まれている**ことと、**頭の中にまったく「絵」が浮かばない**ことです。

次の2つのうち、どちらが頭の中に鮮明なイメージが浮かびますか。

A　彼女は私の一番の親友でした。

B　小学校1年生のときに、最初に隣の席に座ったのが彼女でした。おかっぱ頭で、クリッとした目。きれいに並んだトウモロコシのような歯を見せ、何かいたずらをして見つかったときのように笑う姿が印象的でした。

第3章で触れた「ハンバーガー話法」（95ページ）とともに、アメリカの小学生が教わる**コミュニケーションの最重要ルールは「Show, don't tell.（言うのではなく、見せろ）」**。**相手に「絵を見せる」ように話しなさい**ということです。

たとえば、「say（言う）」「go（行く）」などといった**「情景の浮かばない言葉」**ばかりを使ってはいけない、代わりに、「mutter（ボソボソとつぶやく）」「scurry（小走りで行く）」などといった**「descriptive（叙景的、説明的）な言葉」**を使うよう、徹底的に教え込まれます。

「angry（怒る）」「young（若い）」といった言葉でさえ、言い換えを指導されます。「若い」といっても、小学生か、大学生か、顔も何も浮かびませんよね。

☑ジョブズ、高田明氏の話し方に学ぶこと

たとえばスティーブ・ジョブズは、有名なスタンフォード大学でのスピーチで、「貧乏だった」という代わりに、こう表現しました。

> 私は（大学の）寮の部屋もなく、友達の部屋の床の上で寝起きしました。食べ物を買うために、コカ・コーラの瓶を店に返し、5セントをかき集めたりもしました。温かい食べ物にありつこうと、毎週日曜日は7マイル先にあるクリシュナ寺院に歩いて通ったものです。

友達の部屋の床、コカ・コーラの瓶、毎週日曜日……。

細かいディテール描写が、話を紙芝居のように、目で見えるものにしてくれます。

通販会社ジャパネットたかたの創業者の高田明氏も、この「お絵描き話法」の名人です。

商品の特徴を説明するだけではなく、その商品が役立つ「シーン」を見せるのです。

お孫さんの運動会の様子を録画できますよ。
スマホなら遠く離れて住んでいるお孫さんの日々の成長をそのまま見られます。

といった具合です。

ほかにも、レストランのメニューに、こんな料理があったらどうでしょうか。

・小豆島オリーブ牛のジュワッと肉汁あふれる特製煮込みハンバーグ
・フランスNo.1トリュフオイル仕立てのカリカリフライドポテト

希少感や食感、におい、見た目などディテールの描写で五感が刺激されるのです。

相手の心を動かそうとするなら、**「見せる」「感じさせる」言葉にこだわり**ましょう。

ルール27

できるリーダーは「数字の魔術師」。「丸めない数字」でインパクトを出す

「大まかな数字」を使わないことで、話に躍動感が出ます。

数字も上手に使えば、「見せる」「感じさせる」言葉になります。

コロナ危機で、毎日の感染者数に一喜一憂しましたが、同じ200人でも、前日の数字によってまったく印象が違いましたよね。

ずっと、同じ水準が続くと、マヒしてきて、驚きもなくなってくる。

このように数字は、絶対的なもののようで、**じつは極めて「相対的」で、見せ方によっては、簡単に心象操作ができてしまうもの**なのです。

中国の大金持ち、アリババの創業者ジャック・マーさんは、こんな話をしました。

大学卒業後、30社の就職試験を受けましたが、すべて落ちました。

ケンタッキー・フライド・チキンが中国に出店したとき、24人のうち23人が合格し、私ひとりだけが落ちました。

警察官の募集でも、5人応募して4人が合格、私だけが落とされたのです。

ハーバード大学にも10回挑戦しましたが、結局ダメでした。


「たくさんの」「何回も」とせず、**あえて細かい数字を入れることで、粘り強く挑戦しつづけてきたことが、より鮮やかにイメージできます**。

「大まかな数字」ではなく、「四捨五入をしない正確な数字」を入れる

数字を活かすことで、話に躍動感が生まれ、説得力が増します。

× わが社はさまざまな事業を展開しています。

○ スポーツクラブやレストランなど、健康増進に関わる33の事業を展開しています。

× 非常に多くのお客様に導入いただいています。

○ 98か国、１万２３５６社に導入され、グローバルのシェアは61％になります。

× 売り上げが大幅にアップしました。

○ 売り上げは前年比98％増、ほぼ２倍の売り上げを達成しました。

「大まか」ではなく、「丸めない正確な数字」で規模感とインパクトを出しましょう。

重要なシーンで、パパッと数字を挙げることで、「できる人」というイメージを醸し出すことができます。

トップエリートはまさに、**「数字の魔術師」**というわけです。

ルール
28

数字は「相対的」に見せ、意味を示す

数字は無機質なようで、じつはとても「情緒的なパワー」をもっています。

「説得材料」として数字を使うならば、**数字そのものより、その数字の希少性や大きな変化、並みはずれたスケールによって感情を動かせるかどうか**がポイントになります。

そのためには、ただ漫然と数字だけを示すのではなく、

・**変化率**（30倍、9割減）
・**みんながよく知っている数字との比較**（東京ドーム○個分、日本の人口の約8割など）

など**「相対的」に示し**、「すごく多い」「非常に増えた」など、その**数字の「意味」を見せましょう**。

数字は「情緒的なパワー」をもっている

A　最初のひと月の生存率は89％
B　最初のひと月の死亡率は11％

A　日本人の0・01％がかかる疾患
B　1万2000人がかかる疾患

右の囲みの中はほぼ同じ情報ですが、AよりもBのほうが、多いように感じませんか？

損失やリスクのほうが深刻にとらえやすく、**同じ数字でも、割合やパーセンテージ、総数など表現の仕方によって、まったく違う印象**を与えます。

数字は無機質なようで、じつはとても「情緒的なパワー」をもっているのです。

ルール29

「100万人より1人の顔」の法則で、話す対象を一段階、絞り込む

時間や場所、人、モノ……絞り込むほど、映像が浮かびやすくなります。

アメリカを大きな渦に巻き込んだ黒人差別問題は、たったひとりの男性、ジョージ・フロイドさんの死により、大きなムーブメントとなりました。

シリアの難民問題は深刻ですが、世論はなかなか動きません。

しかし、海岸に打ち上げられた3歳の男の子の溺死体の写真に、世界は震撼しました。

何百万人の人の苦難よりも、たったひとりの悲劇のほうが人々の心を動かすのです。

ペンシルバニア大学ウォートン校の教授らが行った研究では、

「アフリカのマラウイで食糧不足に苦しむ300万人の子どもたちのために」

よりも、

「マリの7歳の少女ロキアのために」

というメッセージのほうが、募金を多く集めたそうです。

これは学術的には**「特定できる命」**と**「統計的な命」**の違い、と言われます。

「一人の人間の死は悲劇だが、数百万の人間の死は統計上の数字でしかない」

これはソ連の独裁者、スターリンの言葉です。

要するに、**顔が見えるか見えないかで、人の想像力や共感が及ぶかどうかに大きな差が出る**ということです。

話す対象や中身の範囲を、一段階、絞り込んでみよう

この**「100万人よりも1人の顔」の法則**を、日ごろのコミュニケーションの中で応用してみましょう。

つまり、**話す対象や中身の範囲を、一段階狭め、絞り込んでみる**のです。

× A社は、スナック菓子を製造している。

○ A社は、あの誰でも知っている有名なお菓子○○を製造している。

× 社員のみなさん、○○をしてください。

○ ◎◎事業部のみなさん、△△をしてください。
××事業部のみなさんは、□□をめざしてください。

× トレーニングする。

○ くびれをつくる、美尻エクササイズ、上腕二頭筋を鍛え上げる

× 彼は家庭的な人。

○ 彼は、毎日朝5時半に起き、家族4人分のお弁当をつくる。
必ず20品目は入れるよう、栄養バランスにも気をつかい、弁当袋も手づくり。

・何百人ではなく、1人。
・会社全体ではなく、部や社員。
・体全体ではなく、パーツ。
・その人全体ではなく、その性格を表す象徴的なワンシーンやエピソード。
・商品全部ではなく、一押しの一品。

時間や場所、人……何でも絞り込むほど、映像が浮かびやすく、説得力が増すのです。

うまい「自己紹介」のテクニックとは?

この手法は自己紹介などでも応用できます。

「凝り性です」より、「リンゴの皮むきに凝って8メートルを達成したことがあります」。

「○○事業部、××事業部を経て、いまは□□部の課長です」より、「私は人生を『超電導』の研究にかけてきました」。

どちらも後者のほうが印象に残りますよね。

カリスマ社長の入社式でのスピーチの練習の一コマです。

みなさん、これからつらいこともあるでしょう。でもあきらめないで。

当初、彼のメッセージは、こういう月並みな感じでした。

そこで、私は**「もっと、シーンが浮かび上がるように、新入社員が経験する挫折や苦悩を描写してみてください」**と注文をつけてみました。

なかなか仕事が覚えられず、悔しくて、お店の奥で涙をぬぐうこともあるかもしれません……。

体験するかもしれない情景を一人ひとりの頭の中に埋め込んだのです。

「おかげさまで大変、評判のいいスピーチになったよ」と喜ばれました。

ジェフ・ベゾスの「映写機のように話す」投影話法

ストーリーを多用するアマゾンのベゾスCEOは、この「描写的な話」も十八番《おはこ》です。

> ある夏のある旅で事件は起きました。私はそのとき10歳くらいだったと思います。後部座席に座っていて、祖父が運転していました……。

プリンストン大学の卒業式で、彼は、子どものころのある日の思い出を語りました。

喫煙する祖母に、その害を指摘したところ、彼女が泣き出し、祖父に、「賢くなるよりもやさしくなるほうがはるかに難しい」と諭されたという思い出です。

人生のたった一場面だけを切り取り、まるで映写機のように、聞き手の脳に映し出す。

昔話では、大きな箱ではなく、小さな箱を選んだ人が幸福になりましたよね。

欲張らず、身近な小さな一コマから始めてみてください。

ルール30

ジャンルを越境し、「免疫のない言葉」でたとえる

比喩の名手に学び、「最強の言葉の飛び道具」を使えるようになりましょう。

相手を説得するには、わかりにくい事象をよく知られた物事に見立てて表現する**「たとえや比喩の手法」**もよく使われます。

ギリシャの哲学者アリストテレスは**「何よりも偉大なのは、メタファー（たとえ）の達人だ」**との言葉を残しています。

たったひとつの「たとえ」が人の考えを大きく左右することもわかっています。

スタンフォード大学の研究によれば、犯罪を「ウイルス」にたとえた場合は、更生を重視する解決策を、「獣」にたとえた場合は、懲罰的な解決策をとるべきだと考えた人が多かったそうです。

また、たとえば「赤ちゃんの肌のような」といった比喩は、実際にそのものを触ったときのような身体的な感覚を聞き手の脳に呼び起こす、という研究もあります。

つまり**比喩は、脳を瞬間的に刺激する「説得の最強の飛び道具」**ということです。

たとえの名手に学ぶ——孫社長、永守会長、小池都知事

私がお会いした経営者の中で、**「たとえの横綱」**といえば、**東の孫正義社長、西の永守重信会長**でしょう。

このお二人は口を開けば、たとえが飛び出します。

孫正義社長

「豆腐を一丁、二丁と数えるように、売り上げを1兆、2兆と数えられるように」

「コロナの谷にユニコーン（投資先の未公開企業）がどんどん落馬している」

1兆　**1丁**

永守重信会長
「玉露のカスより番茶の上がいい」
「社長は太陽にならなあかん」

ユニクロの柳井正社長とあわせて「ほら吹き三兄弟」といわれることもありますが、柳井社長の口調はもっとまじめで、コミュニケーションのタイプはまったく異なります。

この二人が、空気を吸うように、たとえを連発するのは、**「誰よりもわかりやすく伝えたい」という熱意の裏返し**といえます。

小池百合子東京都知事も、たとえのうまさで知られます。

小池百合子東京都知事
「あふれんばかりのぜい肉をつけた巨大な肥満都市」
「社長だと思ったら中間管理職」

ビジュアルなたとえが本当に巧みですよね。

☑「誰も免疫をもっていない言葉」に転換してみよう

たとえの妙味はやはり、膝をポンと打つような面白さでしょう。

「天使のような寝顔」「氷のように冷たい」など、パッと思いつくような、わかりやすいもの、ましてや、辞書に載っているようなものでは、インパクトに欠けます。

たとえるのであれば、**手あかのついていない、耳慣れないもの、つまり、「誰も免疫をもっていない言葉」に転換**してみるようにします。

「鉄のように固い意思」では当たり前。

「新幹線のアイスクリームのように固い意思」ではどうでしょう。

「たとえたい」と思う事象の形状や特徴に当てはまる言葉を連想ゲームのように思い浮かべていきます。

できるだけ、鮮烈なイメージのもので、たとえるものと、たとえられるものにギャップがある、つまり、**「かけ離れたジャンルの言葉を掛け合わせたたとえ」のほうが記憶に残りやすい**ものです。

ルール
31

「これは聞かなきゃ」スイッチをオンにする「魔法の言葉」を仕込んでおく

「ここはポイント。絶対聞いてね」と伝えるコツがあります。

ちょっとした言葉の転換であっという間に説得力がパワーアップする話し方のコツを紹介してきましたが、その中でも**最も簡単、便利なテクニック**を最後に紹介します。

私は企業幹部へのメディアトレーニングの仕事にも長年携わってきました。会見やインタビューのシミュレーションをし、上手に応答できるよう指導をするというものです。

アメリカのメディアトレーニングの技法に**「Flagging（旗で信号を出す）」**があります。

重要なキーメッセージのところで、

「ここは私の言いたいポイントです。絶対聞いてくださいね」

と目立つように旗を掲げるという意味です。

A　プレゼンで重要なのは「熱量」です。

B　これだけは絶対に、覚えて帰っていただきたいプレゼンのポイントがあります。
……それは「熱量」です。

Bのほうが、印象に残りませんか。

強調したいメッセージを言う直前に、相手の脳の記憶スイッチをONにしてもらう「魔法の言葉」を仕込んでおくのです。

「魔法の言葉」の実例

「魔法の言葉」の実例としては、ほかにもこんなものがあります。

・今日、ぜひ覚えていただきたい、たったひとつのポイント。それは……。

- **ポイントは大きく分けて2つあります。**
- **これだけは聞いてください。**
- **想像してみてください。**

どれも**「これから重要なことを言うから、必ず、脳内レコーダーに録音しておいて」と呼びかける言葉**です。

どうですか、聞き耳がピン！と立つ感覚になりませんか。

「間」による「じらし」を活用する

大切なのは、これらの「魔法の言葉」を言い切ったあとに、一拍置く（間を空ける）こと。

この**「間《ま》」による「じらし」によって、緊張感が生まれ、その後の内容に関心が集まる**のです。

このほかにも、聞き手の脳を覚醒させやすい言葉として、

- **たった**
- **わずか**
- **いますぐ**
- **だけ**
- **に限り**
- **限定**

といったものがあります。

通販では、これらの言葉が山ほど盛り込まれていますね。

「いつもあるわけではない」「たくさんあるわけではない」という「欠乏」「希少」状態によってあおられる飢餓感は人を行動へと、いっきに駆り立てます。

コロナ危機におけるマスクやトイレットペーパー不足でもおわかりでしょう。

このように、**ひとつの言葉、ひとつの数字の計り知れないパワーを活用できれば、誰でも「説得王」になれる**のです。

第6章

緊張ゼロ！　満足度100％！

――聴衆を魅了する超一流のプレゼンのルール

あっという間に堂々とプレゼンできるようになる鉄人ルール

いまでは日本人エグゼクティブにプレゼンを指南する立場の私ですが、かつては人前に立つことが大の苦手でした。

「人目が気になって仕方ない小心者でも、度胸がつく方法はないか」

話し方コンプレックスのかたまりだった自分を変えたくて、世界中のプレゼンの法則を試したり、渡米して、達人に弟子入りするなど、修業を重ねました。

体を張って学び、編み出したのが、**あっという間に緊張がほぐれる方法や、堂々と声が出る方法など、数々のプレゼンの鉄人ルール**です。

その秘訣を、この本でみなさんに公開しましょう。

ルール
32

プレゼンで「緊張しない奥義」を身につける

豊田章男社長が語る「すごいプレゼンをする秘訣」は？

たくさんの人の前に立つと、スポットライトがまぶしいぐらいに自分に集まり、人の目という「矢」に攻撃されているような気分になる。そんな人はいないでしょうか。

何を隠そう、私自身がそうでした。

名門スクールで学んだ「真実」とは？

1対1の会話は何とかなるのに、大勢の前だと途端に「人目恐怖症」に……。

その状況を変えたいと、自分を「改造」の実験台にすることにしました。

アメリカには、星の数ほどコミュニケーションを学ぶ場があります。

プレゼン、スピーチ、即興劇、ストーリーテリング、ボイストレーニング、ボディランゲージスクールから、れっきとした大学の研究機関である「恥ずかしがり研究所」まで、毎日、手あたり次第に通いました。

こうした場では、たいてい「アイスブレーク」という体を使ったアクティビティから始まるのですが、それがツライのです。

「ほかの人の名前を間違ったらどうしよう」
「動作を間違えたらどうしよう」
と緊張のしっぱなし。

そこで、『プラダを着た悪魔』でブレイクした、女優アン・ハサウェイが通ったブロードウェーの名門アクティングスクールの門を叩いてみました。

志願して演じることになったのは、「あばずれ娼婦」の役。愛人だった男性の葬式の席で、妻と対面するというコント劇でした。

どもったり、セリフを忘れたり、間違いも度重なると、「正解固執症」はどこへやら、肝が据わってきます。メイクや衣装も「それ風」に装い、自分ではない誰かになりきると、なんだか楽しくなってきました。
これは「自分」ではない、「自分No．2だ」。
重く閉じ込められていた「殻」が壊れる音が聞こえた気がしました。

「プライドを捨てて、バカになれ」

- そもそも、コミュニケーションにたったひとつの「正解」はない
- 「役」になりきり、自分から意識を「離す」ことで、「話す」緊張感から解き放たれる
- 何度も練習すると、そのセリフや動きが体に埋め込まれ、「筋肉メモリー」となる
- 「恥」も度重なれば、気にならなくなる

こうしたことを、この名門スクールでいっきに学んだのです。
要は**「プライドを捨てて、恥をさらしバカになれ」**ということでした。

豊田章男社長が発見した緊張しないプレゼンのルール

日本の社長の中でも、トップ級のコミュ力の達人、トヨタ自動車の豊田章男社長は、社内報の中で、「すごいプレゼンをする秘訣は何か」と聞かれて、こう答えています。

> 唯一のアドバイスは、人前に出ていくと「恥ずかしい」とか、やっぱり人間だから「いいカッコしたい」っていうのが出るんだよ。それさえ捨てりゃラクだよ（笑）。

カッコつけて話そうとすることほど、カッコ悪いことはないということです。

日本人社長としては珍しい、ジョブズスタイルのプレゼンを行ってきた豊田社長。

当初は、保守的な業界で眉をひそめる人が多かったのですが、臆することもなく、大きな身振りと笑顔で聴衆を楽しませること、奮起させることに情熱を注いできました。

彼があえて、捨て身の「道化」を演じ切る裏には「昨日までのやり方では、立ち行かなくなる」という強い危機感を、強いエネルギーで体現したいという意図があるはずです。

「バカになる」「カッコつけるのをやめる」ことこそが、プレゼン上達の第一歩なのです。

ルール33

「ヤッホーの法則」で、自分の「殻」を破ることができる

やり方は驚くほど簡単です。

しかし現実問題として、私の「生徒」のほとんどが高いプライドをもって、「男は黙って」「以心伝心」道を歩んで数十年という「おじ様たち」ばかりです。
その鉄壁の「鎧」をはずすのは並大抵なことではありません。
そこで、「殻」を破る方法として、思いついたのが**「ヤッホーの法則」**でした。

ヤッホーを3回言うだけ

やり方は簡単です。

①「山登りをして、山頂に着いた」という想定で、「ヤッホー」と3回、叫んでみましょう。声を放射線の弧のように飛ばし、隣の山まで届かせるイメージをもちます。

②1回目は「ド」、2回目は「ミ」、3回目は「ソ」の音程で。とくに音階の正確性にこだわる必要はありませんが、段階的に上げてください。それとともに、声量も上げていきます。

③3回目のヤッホーの直後、その音程と音量を保ったまま、プレゼンの第一声を発します。

つまり、

「ヤッホー」「ヤッホー」**「ヤッホー」「みなさんこんにちは！」**

といった具合です。

この練習は、**声のエネルギーとテンションを上げるクセをつけることが目的**です。

みなさんはどうしても「ヤッホー」のレベルで第一声を発してしまいがちです。

元気のない、張りのない声では、聴衆を魅了することはできません。

もちろん本番では「ヤッホー」は心の中で唱える形にします。

しかし、**何もせずにいきなり第一声を発するのと、3回目の「ヤッホー」のエネルギーでプレゼンを始める**のとでは、印象が劇的に変わります。

プレゼンでは、「コンフォートゾーン」から一度、抜け出す

プレゼンターには、**ただ情報を説明するだけの「Informer」**と、**人の心を動かす「Performer」**の2種類のタイプがいます。

前者から後者に「振り切る」ためには、一度、「リミッター」をはずし、居心地のいい空間「コンフォートゾーン」から飛び出さなければなりません。

この**「ヤッホーの法則」**で、**恥ずかしさという「重力の壁」を突破すれば、あとは、もう「無重力空間」で縦横無尽、「無敵」のプレゼンターになれる**のです。

ある自動車関連の大企業のトップが、国際的な大舞台でジョブズ風のプレゼンにのぞむことになりました。

「ヤッホーの法則」はもちろん、自らの「限界」を突破する数々の「ミッション」に挑戦。何十回と練習を重ね、脱皮していきました。

本番は、最高のパフォーマンスで、社長のひたむきな努力をずっと見守ってきたまわりのスタッフも大感激。

「おかげでブレイクスルーできました！」と見せてくださった満面の笑みは、いまでも私の脳裏に焼きついています。

ルール34

「バーチャル握手」で、聴衆と「心のつながり」をつくる

「こんにちは～」の一言で、ここまで変わります。

プレゼンは、**最初の30秒間で、聴衆と「心のつながり」をつくれるかがカギ**となります。

「こんにちは～」の「こだま」が返ってくるのを待つ

もう一度「ヤッホーの法則」を思い出してください。

山で「ヤッホー」と呼びかけるとき、「ヤッホー」とこだまが返ってくるのを待ちますよね。プレゼンでも同じです。

聴衆にしっかりと目を向け、

「みなさん、こんにちは〜」

とエネルギーを上げて呼びかけます。

そして、そのあとに、**聴衆から「こんにちは〜」という「こだま」が返ってくるのを待つ「間《ま》」を十分に置く**のです。

プレゼンで緊張するのは、知らない敵に囲まれ、恐怖感を抱くという、本能的反応です。欧米の握手文化は手に武器をもっていないことを確かめ合うところから始まりました。目の前の人たちは敵ではない、と早々にわかれば、おびえる必要はありません。

「こんにちは〜」のやりとりは、いわば聴衆との「バーチャル握手」。

そうやって聴衆と心を通わせ、脳の緊張をほどくのです。

ルール 35

池上彰氏、高田明氏に学ぶ！「共感プレゼン」に変える「カネの法則」

プレゼンは「モノローグ、ひとりごと」ではありません。

日本人のプレゼンは、残念なことに、その多くが、

「マウンドに立って、黙々とただ投げつづける孤独なピッチャー」

「壁に向かってひとりボールを打ち返す『壁打ち』」

このどちらかになりがちです。

一方通行だから、延々と疎外感を覚えたままのプレゼンになってしまうのです。

プレゼンは「対話、言葉のキャッチボール」と心得る

プレゼンは「モノローグ、ひとりごと」ではなく、「対話、言葉のキャッチボール」です。

ヴァージン・アトランティックなどの航空会社を立ち上げたイギリスの有名な起業家リチャード・ブランソンさんはプレゼンがとても苦手でした。

そこで、こう考えるようにしたそうです。

「会場にいる友達とおしゃべりをしているだけ」

プレゼンは会場にいる一人ひとりとの対話の積み重ねである、と考えてください。

× デジタル化が進む世界で、通信ネットワークは重要な社会インフラになります。

↓

○ みなさん、在宅勤務で困ったことはありませんでしたか？
通信環境が悪く、つながりにくいという経験もあったのではないでしょうか。
デジタル時代において、通信のネットワークインフラはまさに社会の大黒柱です。

問いかけや質問は「聞き手を巻き込む」ことで、一方的にただ読み上げているだけのプレゼンより、ぐっとライブ感、一体感が高まります。

2人の「あきら」に学ぶ「カネの法則」

この問いかけ話法がお得意なのが、テレビでおなじみのジャーナリストの池上彰さんとジャパネットたかたの高田明氏です。

この2人の話を聞いていると、

「でしょうか」、

「ですよね」

と、問いかけ調がとても多いことに気づきませんか。

人呼んで**「2人の『あきら』のカネの法則」**！

この法則を使えば、あなたもあっという間に「孤独なひとりごと」を、聞き手との双方向の対話に変えることができるはずです。

ルール36

とりあえず「。」を「？」に変えるだけでも効果絶大！

プレゼンの達人ほど「？」を多用しています。

「プレゼンが苦手」という人は、まず**「。」を「？」に変えてみてください。**

「。」を「？」に変えるだけで、相手はあなたに好意をもつ

「。」を「？」に、たった一文字変えるだけで、「一方的な自分語り」から「相手とのインタラクティブなやりとり」に変わり、相手はあなたに好感をもつことに気づくはずです。

これはプレゼンだけではなく、会話も同じ。

コミュニケーションとは元来、「対話」に始まり、「対話」に終わるものだからです。

有名な動画配信プロジェクト「ＴＥＤトーク」の最も人気のある上位25のプレゼンテーションを分析したところ、次の３つの特徴がありました。

①笑いをとっている

②拍手や歓声を集めていた

③問いかけが多い

「?」の数は５７９あり、ピリオド、つまり日本語の「。」は３９１０でした。

「。」で終わる文が6に対し、「?」つまり質問や問いかけを1の割合で入れていくべきだというわけです。

「?」。これがプレゼンの達人の必殺技だったのです。

ルール
37

くれぐれも「自己紹介」と「お礼」から始めてはいけない

プレゼンは「冒頭のインパクト」勝負！

「ただいまご紹介に預かりました岡本です」
自分の名前の紹介からプレゼンを始める人はとても多いですよね。
でも、実際には、自分が話しはじめる前に、

①司会者がすでに名前や経歴を紹介してくれている
②パンフレットや式次第などに名前があり、聴衆が名前をすでに認識している

というケースがほとんどではないでしょうか。
じつは、この**自己紹介で始める入り方は、退屈なプレゼンの典型**なのです。

☑プレゼンは冒頭に「釣り針」を仕込む

「本日はお招きいただきありがとうございます」
「え～、ちょっと緊張しております」

というのも、「イケてないプレゼンの冒頭」の典型です。

お礼は、面白いプレゼンをすることで示せばいいし、最後に言ってもいいわけです。

不安を吐露するのもいいのですが、聴衆を同じように緊張させてしまいます。

プレゼンの冒頭の貴重な時間を、お礼や自己紹介などで埋めてしまってはもったいない。

というのも**プレゼンのオープニングは、なんといっても「インパクト」が大切**だからです。

冒頭に、「釣り針」でしっかり、つかまえておかないと、聴衆の心はどこかに泳いでいってしまいます。

プレゼンは「冒頭30秒のインパクト」勝負。

これをいつも肝に銘じてください。

ルール 38

プレゼンの冒頭は「この5パターン」で心を掴む

「TEDトーク」プレゼンベスト10から見えてきた真実は？

それでは、プレゼン冒頭30秒の上手な「掴み方」をお教えしましょう。

プレゼンの冒頭、ベスト5はこれだ！

「TEDトーク」で最も視聴回数の多いプレゼンベスト10の中から、とくにおすすめの5つのパターンを、事例とあわせて紹介します。

プレゼンの冒頭❶

ユーモア――鉄板ネタをひとつもっておく

おはようございます。気分はいかがですか？

素晴らしいですよね。私はすべてに圧倒されています。

だから、そろそろ帰ります。


ＴＥＤトークで最も人気の高いプレゼン、イギリスの思想家、ケン・ロビンソンの「学校教育は創造性を殺してしまっている」のオープニングです。

会場は大爆笑の渦に包み込まれました。

ユーモアは最もハードルの高い「つかみ」ですが、鉄板ネタをひとつでももっていると、あっという間に場が温まります。

プレゼンの冒頭②

サプライズ――「想定外」は鮮烈に記憶に残る

悲しいことに、私が話すこの18分の間に、4人のアメリカ人が彼らの食が原因で死ぬことになります。

イギリスの有名シェフ、ジェイミー・オリバーは「子どもたちに食の教育を」の冒頭、ショッキングなデータで会場を驚かせました。

何か、**珍しいものを実際にもってきて披露してもいい**でしょう。

意表をつく「想定外」は鮮烈に脳に記憶を残します。

プレゼンの冒頭③

ストーリー――軽いエピソードでも、聴衆との距離を縮める

さてこの話から始めましょう。

2年前 イベントプランナーが電話してきました。

彼女は電話口で言いました……。

アメリカの研究者、ブレーネ・ブラウンは「傷つく心の力」で、身近で起きたストーリーから話を始めました。

できれば、そのストーリーの「オチ」がメーンのメッセージに紐付くといいのですが、**その日の出来事のような軽いエピソードでも、聴衆との距離を縮める**ことができます。

プレゼンの冒頭④

質問——オープニングの最もメジャーな方法

物事がうまくいかなかったときにどう説明しますか？

あるいは常識をすべてひっくり返すようなことを誰かが成し遂げたときにどう説明しますか？

アメリカの有名なコンサルタント、サイモン・シネックは「優れたリーダーはどうやって行動を促すか」の問いかけからプレゼンを始めました。

質問を投げかけるのは、オープニングの最もメジャーな方法です。

気づきを与え、興味をそそり、ワクワクさせる質問で聴衆の心を掴みましょう。

プレゼンの冒頭5

告白――「じつは私……」だけで、面白い「つかみ」になる

最初に告白させてください。

20年ほど前にしたあることを私は後悔しています。


アメリカの作家、ダニエル・ピンクの「やる気に関する驚きの科学」はちょっとびっくりする告白で幕を開けました。

誰でも、人の秘密には無条件で惹かれます。

「じつは私、いまとっても悩んでいるんです……」

どうですか。その後が気になりますよね。

「じつは私……」

これだけで、十分面白い「つかみ」になるわけです。

ルール39

「もう5パターンのつかみ」でさらにパワーアップ！

私が最も印象的だったのは「ナベツネさんのつかみ」です。

ほかにもおすすめがあります。

「プレゼンの冒頭、残りのベスト5パターン」は次のとおり。

①「立ってみてください」「深呼吸してみてください」など会場参加型のアクティビティ
②動画を見せる
③有名なセリフや引用、格言から始める
④大胆な宣言をする
⑤「想像してみてください」と言って情景を描写する

本書では割愛しますが、これ以外にも、じつは100以上のパターンがあります。

私の記憶に強烈に焼きついているのが、読売新聞社の入社式でのナベツネ、渡邉恒雄さんのあいさつです。

壇上に上がるなり、開口一番、**「え～、私は7年後に死にます」**。

開いた口がふさがらないとは、まさにこのこと。

なんとも大胆な「宣言」。「この人はタダモノではない」と、度肝を抜かれました。

「つかみ」は冒頭だけではありません。

飽きやすい現代人の心をつなぎとめておくためには、**「楽しませる」「驚かせる」「夢中にさせる」つかみ**をプレゼン全体にちりばめていく工夫が必要になります。

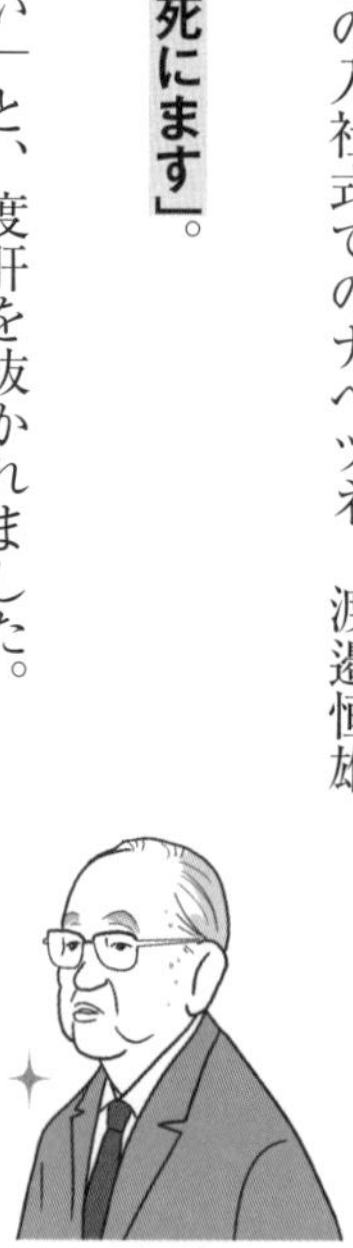

ルール40

人の印象は声で4割も決まる。声は「大きさ」よりも「メリハリ」

同じトーンでがなり立てるのは、政治家の辻立ちと同じです。

プレゼンといえば、「声」についてもよく相談を受けます。

「どうすればいい声で話せますか？」という悩みです。

人の印象は、声で4割も決まる

人の印象は大まかにいって、「見た目が5割」「声が4割」「言葉が1割」で決まるという

メラビアンの法則というものがあります。

「人は見た目が9割」といった俗説もありましたが、**見た目は半分にすぎず、じつは声**

による影響が4割近くもあるということはあまり知られていません。

「声はその人そのもの」

これは、筆者が「声修業」のために通ったボイストレーニングのコーチの言葉です。

声はその人の性格や人間性といった「人自身」を映し出す鏡なのです。

声で何より大切なのは「メリハリ」「変化」

声で重要なのは「大きさ」ではありません。

それでは、**同じトーンでがなり立てる、政治家の辻立ちと同じ**です。

私の声はあまり通らず、聞き取りにくいことが悩みでした。

そこで、ニューヨーク滞在時代、俳優でもあるベテランボイスコーチに、ブロードウェーで実際に使われている発声法を教えてもらいました。

声が出る仕組みをしっかりと科学的に学んだのですが、びっくりしたのは、**発声は全身運動であり、声は呼吸そのもの**だということ。

徹底的に体をゆるめ、たっぷりとした息を吐くことが、いい声の決め手ということを知りました。

ゴロゴロ転がりながら発声するなど、体育会さながらのハードなトレーニングのあとは、驚くほど豊かな声量が出るようになるのが衝撃でした。

「キーワードはゆっくり」など、スピードも緩急をつける

スピードにしても、カタツムリのようにゆっくりとしたペースを続けられても、退屈

してしまうし、速すぎれば聞き取りにくい。

たとえば、**「キーワードはゆっくり」といったように緩急をつける**ことが重要です。

つまり、**声で何より大切なのは「メリハリ」**。

同じ大きさ、音程、スピードが続く曲だったら、あっという間に飽きてしまいますね。

ジェットコースターのように上がったり下がったり、スピードが変わったり。

その**変化がカギ**なのです。

ルール41

「いい声」は3つの基本動作で簡単に出せる

滑舌が悪くても大丈夫！「声の深みと個性」を磨く秘訣があります。

「滑舌が悪くて」。そんなお悩みをおもちのエグゼクティブが大勢いらっしゃいます。

そんなとき、私が言うのは、「中身がないのに、滑舌だけいい人ほど、浅薄な印象を受けてしまいます」ということ。

大切なのは、**滑舌よりも「声の深みと個性」**。

声に自信がない人に役立つ**秘密のテクニック**を紹介しておきましょう。

年収を上げたければ、○○を下げろ？

「カリスマ性のある声」というと、誰を思い浮かべるでしょうか。

たとえば、マーティン・ルーサー・キング、ウィンストン・チャーチル……。

あの五臓六腑に響きわたる声がなければ、歴史は変わっていたかもしれません。

日本のリーダーの中でも、京セラの創業者である稲盛和夫さんの重厚感のある声と圧倒的なオーラは、私の記憶に強く残っています。

手元の資料に目を落とし、あまり目も上げず話をされていましたが、声明《しょうみょう》（経を節をつけて唱えること）のような、低く太い声は迫力満点でした。

そう、**カリスマの決め手は、じつはこの「低音」**という説があるのです。

アメリカのデューク大学の研究では、**低音をもつ男性CEOはそうでないCEOと比べ、1年で18万7000ドル（約2000万円）も多く稼ぐ**という驚きの結果が出ました。

イギリス最初の女性首相サッチャーも、低音を磨くためにボイストレーニングを受けたことが知られており、動画を見ると、そのBefore、Afterがよくわかります。

声は呼吸！　3つの基本動作は？

一方で、「高めの声」は、若々しさや情熱を体現するとされ、ビル・ゲイツ、孫正義さんや高田明氏はこちらのタイプですね。

ただ、高田氏の普段の声は、ぐっと低め。

お客の前では、あえて「キャラ」を憑依させ、テンションと音程を上げているのでしょう。

低い声が威厳と落ち着き、高い声が親しみやすさと若々しさを想起させることを理解したうえで、**達人は高低を戦略的に使い分けます。**

励ますときは「高めのトーン」で、叱るときなどには「低く威圧感のある声」で、ビシッと、といった具合です。

「声は呼吸」といいましたが、

①息を鼻からぐっと吸って、お腹の「水瓶」に空気をためる
②歯磨き粉のチューブを絞るように、お腹をへこませて、口から吐き出す
③その息とともに、口を大きく開けて発声をする

が基本動作です。

「簡単に声の高さを変えるスゴ技」は？

じつは、**声の高さを一瞬で変えるスゴ技**があります。

声を出すとき、**頭のてっぺんに意識をやると高くなり、おへそを意識すると低くなる**。

それだけです。

人は声帯で発生する音を口腔、鼻腔、肺などの空洞に共鳴させて、声を出します。

その共鳴させる空洞が体の上部に行けば行くほど高い声、下部に行けば行くほど低い声になるという仕組みです。

まさに声はあなたそのもの。

「声」の鍛錬で「自信」を促成栽培してみましょう。

ルール42

YouTuberに学ぶリモートの「話し方」6つのコツ

「聞かせ」「見せる」ことへの半端ない努力と情熱は、見習う価値アリ！

ウェブ会議は便利な反面、「ズーム疲れ」（Zoom Fatigue）などという言葉があるほどで、**オンラインのコミュニケーションは、脳に大きな負担をかける**といわれています。

人間には25万通りの表情がある

人間には25万通りの表情があり、ネゴシエーションの60～80%はボディランゲージに影響を受けるともいわれています。

リアルの場では、視線や体の動きなど、ノンバーバル（非言語）の認知的シグナル

「ソーシャルキュー」を脳が瞬時に読み取り、会話の流れを推察し、表情やボディランゲージを合わせることで、共感関係をつくります。

しかし、バーチャルではそれができません。

さらに、「アイコンタクトがない」「音質や画質が悪い」「声がずれる、重なる」「自分の姿を常に目にする」などの要因によって、疲弊してしまうのです。

ウェブ会議では、リアルの会議と比べて25％話す機会が減るという研究もあります。

リモートでは、集中力がもちにくい

また、聞き手の立場からも**「リアルよりも集中力がもたない」**という声もよく聞きます。

全身の五感で感じ取っていた情報を、目と耳だけで吸収しなければならないリモート環境では、発信者はこれまで以上の努力をしなければ、伝わりません。

聞き取りやすく緩急をつけた声も重要ですし、**表情やプレゼン資料の「見せ方」「魅せ方」にもいっそうの工夫を凝らさなければならない**ということです。

リモートの「話し方」「見せ方」はYouTuberに学べ！

リモート時代の「プレゼンエリート」は、人気のYouTuberかもしれません。

見習うべきは**「聞かせ」「見せる」ことへの半端ない努力と情熱**。

それは、たとえば次の6つにあらわれます。

①豊かな表情

HIKAKINさんなどは、誇張といってもいいほど、表情が豊か。

明らかに楽しそう、うれしそうな表情で、見ている人を楽しい気分にさせますよね。

②大げさな動き

動きがなければ、視聴者も飽きてしまうもの。

だから、歩いてみたり、走ってみたり、常に動きの変化を意識しています。

③現物を見せて、興味をひく

ゲームや新商品、ペットなどの「もの」を見せ、興味をひきます。

④効果音をふんだんに使う

強調したい場面、場面転換などで、効果音がふんだんに使われます。

⑤テロップを入れる

しゃべった内容のポイントを、必ずテロップで入れます。

これは最近、テレビでもよく使われる手法ですね。

⑥口語体・会話調を使う

見ている人とあたかも会話をしているかのような語り口で親しみやすさを醸成します。

コロナ禍で会見した都道府県の知事が、フリップ（図や文字を記した大型のカード）を盛んに使うようになったのに気づきましたか。

口頭だけでは伝わりにくい情報も、**「聴覚」と「視覚」の両方を刺激することで、直感**

的に理解し、記憶してもらう狙いがあるのでしょう。

ルール 43

聞き手の感情のツボを「目から」「耳から」刺激する

LINEのスタンプやインスタグラムが人気な理由は、これです。

最近、注目のプレゼンターは、マイクロソフトの創業者、ビル・ゲイツです。

☑ ビル・ゲイツの話し方に学ぶこと

ビル・ゲイツのプレゼンに学ぶべきは、情報を視覚的・直感的に伝える技術です。

感染症対策の活動を続けるゲイツ氏は、あるプレゼンで、ガラスの瓶をもって舞台に上がり、こう続けました。

> ご存じのとおり、マラリアは蚊によって感染します。
> みなさんにも体験していただこうと思って今日は何匹か連れてきました。ちょっとばかり自由にしてやりましょう。

そう言ってガラス瓶のフタを開けたのです。

会場は一斉にどよめきました。続けて、こう言います。

> この蚊は感染していないから大丈夫。

コミュニケーションは、感情を動かしてなんぼの世界です。

ＬＩＮＥスタンプやインスタグラムが人気なのは、**感情を視覚的に伝えられる**から。

そんなツールに慣れ親しんだデジタルネイティブに、米粒大の文字の詰まったプレゼンや棒読みの説明が刺さるわけがありません。

プレゼンでは、「目から」「耳から」感情のツボを刺激することを意識しましょう。

ルール 44

たったひとつだけ変えるなら、間違いなく「アイコンタクト」

「日本人のアイコンタクト」は間違いだらけ！

私はこれまで、数えきれない数の社長の「家庭教師」として、シンデレラの魔法使いやメアリー・ポピンズのように、その「変身」のお手伝いをしてきました。

「たったひとつだけを変えられるとして、最大の効果をあげるものは何ですか？」

と聞かれたら、迷わず**「アイコンタクト」**と答えます。

日本の研究機関の研究で、見つめ合う二者の脳活動を観察したところ、脳の特定部位の活動が同期することがわかりました。

つまり、**アイコンタクトを交わすことで、気持ちが通じ合い、共感しやすくなる**というわけです。

間違いだらけの「日本人のアイコンタクト」の常識

しかし、残念ながら、日本人は、欧米人に比べてアイコンタクトの頻度が低く、その常識も、じつは間違いだらけ。

日本人に多いのは、

①会場全体をなめるように見渡す**「灯台」方式**

②会場を複数のブロックに分け、順番にその「かたまり」に目を向ける**「ロボット」方式**

③ほとんどの時間、スライドを見て話し、聴衆にはお尻しか見えない**「見返り美人」方式**

④「メトロノーム」のように、右→左と順番に目線を振り向ける**「テニスの観客」方式**

⑤ずっと下を見て手元の資料を読み上げ、たまに顔を上げる**「モグラ叩き」方式**

これらはすべて**「間違ったアイコンタクト」のやり方**です。

☑アイコンタクトの正解は「キャッチボール」スタイル

正解は、モグラでも灯台でもなく、**「キャッチボール」スタイル**。

順番にキャッチボールをしていくように、観客一人ひとりと目線を交わしていきます。

「Aブロックの若い女性」
「Bブロックの中年男性」

といった具合に会場の誰かひとりにスポットライトを当て、その人と会話をするように「話しかけて」いく。

そのときに、**まるで会話のように自然にアイコンタクトを交わしていけばいい**のです。

ポイントは、聴衆が**「この人は私に話をしている！」**と思えるかどうか。

日本の聴衆は、人のプレゼンに対して反応が冷たく、表情も変えない人が多いので、やりにくいのですが、うなずいてくれる人を見つけて、目を向けてみましょう。

コラム▼リモート会議のアイコンタクトは「角度が命」

最近、社長のビデオメッセージでの話し方について、よく相談を受けます。

動画でのメッセージ発信で大事なのが「アイコンタクト」です。

カメラの向こうにリアルの相手がいると思って、しっかり視線を向けるよう、アドバイスしています。

また、パソコンでの会議ではカメラが下方にあると、相手を見下げているように見えることもあります。

カメラの位置は**目線に合うよう角度や高さ**を調整してみましょう。

ルール45

プレゼン時間の7割以上は、聴衆を見て話す

それが無理なら、「4つの場面」で意識的にアイコンタクトを。

一言しか書いていないスライドや手元原稿に、必要もないのに何度も目をやってしまう人をよく見かけます。

これは心理的な緊張感のあらわれ。

できれば、**全体の7割以上の時間は聴衆を見て話す**ようにアドバイスしています。

☑ アイコンタクトが苦手な人はこの方法で乗り切ろう

「難しい」という人には、次の「4つの場面」だけは聴衆を見て、とすすめています。

①冒頭の30秒
②情報が少なく、読み上げる必要があまりないページやスライド
③強調したい言葉やメッセージ
④「さて」、「ところで」などと接続詞を使って、場面を転換したいとき

この「アイコンタクトの達人」が、アメリカのビル・クリントン元大統領です。「彼と視線を交わすと誰もが『現実歪曲空間』に入ったように、ファンになる」といわれたほどでした。

目を合わせることに緊張感を覚える人は、**相手の眉毛の間を見る形でもＯＫ**です。

相手と瞬時に共同体関係を築く「スゴ技」。
それがアイコンタクトなのです。

第7章

誰もがあなたの熱狂的なファンになる！

──カリスマリーダーの魅せ方のルール

「カリスマオーラ」をマントのようにまとうテクニック

いよいよ最終章です。

突然ですが、みなさんは自分に自信がありますか？

日本人は相対的に、「自信なさげ」に見られることが多いように思います。

ここでは、人を奮い立たせる「カリスマオーラ」のつくり方を紹介しましょう。

力強い「オーラ」を魔法のマントのように自由自在に身にまとい、圧倒的に「魅力ある人」へと変身することができるテクニックの数々です。

ルール
46

自信は「自信があるフリ」から生まれる

カタチを変えれば、自信はあとからついてきます。

海外の人の「自信に満ちた話し方」に圧倒されたという人は少なくないでしょう。

その「自信」ですが、どんなに素晴らしい能力があっても自分に自信がない人もいれば、たいした力はないのに自信満々の人もいます。

☑ 自信があるフリをするだけで、自信はできる

結局、**自信などというものは「思い込み」でしかない**、だから、「私には自信がある」と自分の脳に思い込ませてしまえばいいという考え方があります。

その最も簡単な手段は**「自信があるフリをする」**ことです。

その提唱者がハーバード大学のエイミー・カディー教授。方法は超シンプルです。

両手を大きく上げる「スーパーマン」、両腕を腰に当て胸を張る「ワンダーウーマン」のように、**力強く見せる「パワーポーズ」を2分間とれば、自信が湧いてくる**というもの。

教授のこの研究は、2012年にTEDトークで披露され、大反響を呼びました。

一時、その信憑性に異議が唱えられましたが、**いまでも話題の学説**です。

研究では、このポーズをすることで、ストレスホルモンの「コルチゾール」が下がり、自信と関係性が強いとされる「テストステロン」が上昇することがわかりました。

つまり、**「パワフルにふるまうだけで、本当にパワフルになれる」**ということ。

まさに、「Fake it till you make it.（本物のまねをしているうちに、本物になれる）」という考え方で、**「自信があるフリをすれば、自信ができる」**というわけです。

自信がつけば、コミュニケーションがうまくなるのではなく、**コミュニケーションのカタチを変えれば、自信はあとからついてくる**ということなのです。

ルール47

日本人の「あの定番ポーズ」がじつは要注意

しっかり胸を張って話すことが大事な理由があります。

カタチから変えていこうとするとき、大事なのがボディランゲージです。

アメリカには、元ＦＢＩの調査官、心理学者など、その専門家が大勢います。

ニューヨークで、私は、「ポーカーの天才」という男性がつくったボディランゲージスクールに体験入学してみました。

彼は表情や仕草から相手のもち手を見破るという特技を活かして、人の気持ちを読む技や自信を装うスキルなどを教えていました。

とくに印象的だったのは、**「存在感、プレゼンスは、その人の占める物理**

的スペースの大きさに比例する」という考え方。

クジャクのように、大きく見せるほど、力を誇示できる、というのです。

ジェスチャーはなるべく大きめに、プレゼンなどでも歩き回って、自分のスペースを広めに確保することが重要というわけです。

しっかり胸を張って話すことが大事な理由

スケールの大きいアメリカですが、そのエリートには、体格のいい人が目立ちます。

「The bigger, the better.（大きければ大きいほどいい）」という言葉通り、**「人のサイズ」がキャリアの成功、生涯報酬までも左右する**という説があります。

アメリカ人の中で6フィート（約183センチ）以上ある人は平均で14・5％なのに対し、Fortune 500企業のCEOでは58％もいたのだとか。

アメリカ心理学会の専門誌に発表された研究によれば、**身長が1インチ（2・54センチ）**

高くなるごとに、年収が789ドル（約9万5000円）増えるという結果でした。

これはアメリカのトップエグゼクティブに、大柄な白人男性が圧倒的に多いということも影響していますが、**「体格がいい＝生存能力、戦闘能力が高い」**という「unconscious bias（無意識の偏見）」があるということのようです。

ですから、グローバルエグゼクティブにとっては、**しっかりと胸を張り、「パーソナルスペース」をとって大きくふるまうことがとても大切**とされています。

トランプの「大げさなジェスチャー」や「自分を大きく見せるふるまい」の理由はここにあるということですね。

◉世界のエリートには高身長が多い

ウォーレン・バフェット（バークシャー・ハサウェイ）	178センチ
ティム・クック　（アップル）	183センチ
スティーブ・ジョブズ（アップル）	188センチ
イーロン・マスク（テスラ）	188センチ
バラク・オバマ	185センチ
ビル・クリントン	188センチ
ドナルド・トランプ	190センチ
アブラハム・リンカーン	193センチ（推定）

日本人がやりがちな「ダメなポーズ」とは？

ただ、つつましさや謙虚さを美徳とする日本人は、知らないうちに、その反対の「自分を小さく、自信なさげに見せがち」です。

たとえば、**両手を股間の前で重ねる格好**。

エグゼクティブも含め、日本人なら誰でもおなじみですが、じつは**「大切なところを覆い隠している＝自信がない、不安を隠している」**ととられてしまうリスクがあるのです。

アダムとイブが大切な部分を隠した「イチジクの葉」のポーズとも言われています。

このポーズでは、つい肩がすぼみ、全体に細くなってしまいますよね。

ですから、プレゼンなどでは、**しっかりと背筋を伸ばし、広げた肩からすとんと両脇に手を落とした状態か、両手をおへその上で組むのが「基本形」**です。

お腹の位置に手を置いておけば、ハンドジェスチャーも出しやすくなります。

堂々と見せたい場面では、**肩幅ほどに足を広げ、鳥居のようにしっかりと立ちましょう**。

まずは「強いカタチ」を整えることで、「強いココロ」もついてくるのです。

ルール48

リーダーシップは、ズバリ「語尾」に宿る！「2つの表現」を減らしてみよう

本当のリーダーは言葉を無駄遣いしません。

コロナ危機下で、「棒読みしている」と批判されたわが国のトップですが、官僚が作成した原稿だったため、冗長な文語調でよそよそしい印象を与えてしまいました。

× ご協力を改めてお願いいたしたいと思います。

→○ご協力を改めてお願いします。

×強化を講じることといたしました。

↓○強化いたします。


×速やかに取り組んでいきたいと考えております。

↓○速やかに取り組んでまいります。


×ご協力をいただきますよう、改めてお願いします。

↓○改めて、ご協力をお願いします。


とにかく、**言い方が回りくどい**のです。

一文が長いので、明らかに読みにくそう、つまり、聞き取りにくい。

「シンプルに言い切れば、説得力もぐんと増すのに」と、残念でなりませんでした。

日本のエグゼクティブの方々にも、この「屋上屋」話法の人はとても多く、クセを取り除くのに非常に苦労します。

ある大企業のトップ曰く、「思い切った言葉を発することができるのは、創業経営者。われわれサラリーマン社長はなかなか言い切ることができない」。

こうした言い回しは、丁寧さを重んじる日本的「様式美」かもしれませんが、なくしてみれば、「無用の長物」だったと気づくものでもあります。

まず減らすべき「2つの表現」は?

もし、リーダーシップをいっきに高めたいと思うのなら、

「と思います」
「と考えています」

まずはこの2つの言葉を極力、減らしてみましょう。

私は新聞記者時代に「文を書くときには、単調にならないよう、『ます』『ました』『だ』など同じ語尾を何度も繰り返さない」と習いました。

本当のリーダーは言葉を無駄遣いしません。

リーダーシップはズバリ、語尾に宿るのです。

ルール 49
カリスマほど、「ひとときの沈黙」を活用している

「えー」「あのー」の代わりに一コマ置きましょう。

言葉の無駄遣いといえば、ウェブ会議で、話し手の「あれ」が気になりませんか？

リモートではとくに意識が声に集中するため、なぜかとても耳障り。

それが、**英語では「filler words（穴埋め言葉）」と呼ばれる、「えー」「あー」「あのー」といった「間《ま》を埋める」言葉**です。

「穴埋め言葉」は数えることでやめられる

語尾同様、自分ではなかなか気づかない話し方のクセですが、**意識することで取り除くことができます**。

私は、ニューヨークで「トーストマスターズ」と言われる、パブリックスピーキングのサークルに参加していましたが、そこではスピーチをするたびに、自分が発した「穴埋め言葉」を、ほかのメンバーに数えられます。

自分がどれぐらい使っているか気づくことで、減らしていけるからです。

みなさんも、スマホで、自分の話している姿を録画して、チェックしてください。

意外な話し方のクセに気づきますよ。

カリスマリーダーは皆、「ひとときの沈黙」を存分に活用している

言葉の間は無理に穴埋めするより、しっかりと空けておくほうが効果的です。

英語では、「pause（中断、間《ま》）」と言われますが、「これから何か重要なことを言うよ！」というときに、一コマ置くことを、**「pregnant pause（妊娠している間）」**と呼んだりします。「これから、大事なものが（生まれて）くるよ！」というサインというわけです。

強調したい言葉の前で。あるいは、聴衆の注目を集めたいとき。

カリスマリーダーは皆、この「ひとときの沈黙」を存分に活用します。

「私が今日、みなさんにぜひお伝えしたいのは…………………………『この本を読んでくれてありがとう～！』ということです！」

ルール50

言葉に「情」と「熱」を乗せ、「見えないエネルギー」で人を動かす

なるべくなら立って、動いて話すようにしましょう。

私がこれまでにお会いした日本のリーダーで、最も印象に残っている3人といえば、孫社長、永守会長、そしてＺＯＺＯの創業者前澤友作さんです。

3人に共通しているのは、コミュニケーションを大事にし、言葉というより、ある種の「気」を発しているるところです。

元気、妖気、意気、英気、鬼気、語気、士気、覇気、熱気、本気、勇気、やる気、気合、気概、気づき、気迫、気品、気力、色気……。

「エネルギー」や「情熱」「すごみ」と言い換えてもいいかもしれません。

優れたリーダーは「感情」と「熱気」の2つを自由に操る

物体を動かすのに必要なものは何でしょう？

「エネルギー」ですよね。人も同じです。

優れたリーダーほど「感情」と「熱気」を操り、その「エネルギー」で人を動かします。

翻って、日本のエグゼクティブはこの「エネルギーレベル」が低めです。

社員の心は１ミクロンも動かない、冷めた、生気のない話し方。

この「低体温症」は会社だけではなく、学校などにも蔓延しています。

淡々と一方的に抑揚のない言葉で話す教師の姿を見て、生徒たちは「この話し方がスタンダードに違いない」と思い込む。

「シャンパンタワー」のような悪しき連鎖が続いていくのです。

☑ エネルギーを高める3つの方法は？

エネルギーが高まれば、表情は豊かになり、ジェスチャーも自然と出てきます。

ジェスチャーとは、意図して動かすものではなく、内から湧き出るエネルギーそのものだからです。

とはいえ、低燃費志向の日本人に、いきなりガソリンをガンガン燃やせと言ってもなかなか簡単ではありません。３つのコツを紹介しましょう。

①言葉の意味を考える

プレゼンやスピーチで絶対に避けたいのが、「棒読み」です。

ですから、**一言一句原稿に起こすより、箇条書きで、伝えておきたい「キーワード」をまとめる**ことをおすすめしています。

そして、**何度も何度も練習する**ことです。

そのときには、ぜひ**「言葉の意味」を考えていただきたい**のです。

ある自動車メーカーのプレゼンに、「走る喜び」というメッセージがありました。

しかし、社長は、その言葉を、抑揚も、感情もなく、読んだだけ。

「喜び」という言葉に「喜び」を込めれば、もっと、心を打ったでしょう。

みなさんは**発する言葉の意味を表現**できているでしょうか。

「言葉を伝える」のではありません。

「意味を伝える」のです。

②なるべくなら立って、動いて話す

じっと座って動かず話をするより、立ち上がって、時々歩くなど、動きをつけたほうが、エネルギーレベルは確実に上がります。

あるテレビ番組で、「歌手の手が動かないようにして、歌ってもらう」という実験をしたところ、普段の半分程度の声しか出ませんでした。

しっかりと立って、ハンドジェスチャーを入れることで、体がゆるみ、肺に十分な空気が入り、声量が増すのです。

「こぶし」というジェスチャーが表現力を高めるように、**動きは視覚的にも聴覚的にもパワーアップに高い効果を発揮**します。

③「思い」に思いをやる

「何を伝えたいのか」ではなく、「どんな『思い』を伝えたいのか」を考えてみてください。

「ワクワクさせたい」「誇りを感じてもらいたい」「厳粛な気持ちになってもらいたい」

そう思うのであれば、自分自身がその思いを強く感じていなければなりません。

> 誠実でなければ、人を動かすことはできない。
> 人を感動させるには、自分が心の底から感動しなければならない。
> 自分が涙を流さなければ、人の涙を誘うことはできない。
> 自分が信じなければ、人を信じさせることはできない。

チャーチルのこの言葉に、「人を動かす」エッセンスが詰まっています。

特別付録1

プレゼンの「3密」スライドは、「5つの方法」で、徹底的にぜい肉を落とす

最後に、「話し方」から少し逸れますが、エグゼクティブの方からも質問が多い「プレゼンのスライドのつくり方」のコツを特別付録として紹介しておきます。

あなたのスライドは、文字・写真・図の「3密」ではありませんか？

プレゼンスライドの見やすさ、わかりやすさは、聞き手の納得感に大きく影響します。

これまで何千人の日本人エグゼクティブのプレゼン資料を見てきましたが、ほとんどが**「文字」「写真」「図」でぎゅうぎゅうの「3密」**です。

「詰め放題セール」のように、入れておかなきゃ損！というレベル。

コーチングで社長本人のスキルを改善しても、こんなプレゼン資料では効果も半減です。

しかし、残念ながら、大企業ほど、この傾向は強く、**「スライドに入れてさえおけば、聴衆はすべての情報を持ち帰ってくれるはず」**と思い込んでいる節があります。

必要とされる情報量の10倍は詰まっている、ということもざら。

この「3密」解消が、日本人のコミュ力アップのカギになることは間違いありません。

5つの方法で、スライドのぜい肉を徹底的に落とす

最近のグローバルプレゼンは**「1枚のスライドに、写真1枚と一言だけ」**といったように極限まで字を減らし、ビジュアル優先。**「箇条書き」さえ「イケてない」とされています。**

では、どうすればいいのか。

次の5つの方法で、スライドにあふれるぜい肉を徹底的にそぎ落としていきます。

①「口頭で説明しない内容」「不鮮明な画像」「小さくて読めない図や字」は入れない

スライドを「読ませよう」としてはいけません。細かい情報は配布資料に記載し、投影資料の情報は必要最小限で。

②「同じ言葉」はできるだけ使わない

たとえば、ある大手電機メーカーの資料では、「グローバル」という言葉がたった1枚のスライドに6回！も登場していました。**重複は避けましょう**。

③「抽象的・根性論的ポエム」は、徹底的に排除する

同じ資料に並んでいたのは「やりぬく組織」「事業開発力強化」「スピード感をもって実行力を向上」「構造改革を進める」「イノベーティブな行動」「顧客価値創造」などなど、感情の針がピクリともしない抽象ワードの数々です。

たとえば、「構造改革」がテーマなら、

> 構造改革の3つの柱は、
> ①人員の○%削減で○○億円の経費削減
> ②○○事業に注力し、売り上げ○○%増
> ③工場再編で生産性を○%向上
> です。

といったように、**具体的な事例や数値、固有名詞を入れるのがポイント**です。

日常会話でも「やりぬく力とスピード感をもってダイエットします」よりも、「1日5キロのランニング、炭水化物抜きでマイナス3キロをめざします」のほうが説得力はありますよね。

④見出しは「1行＝10～15文字」にして、「質問」か「答え」を選ぶ

見出しのめどは1行10～15文字。

つけ方には2つの方法があり、ひとつめはその1枚の内容の概略を説明するもの。**「は？」をつければ、スライドの中身を尋ねる「質問」（Q）**になります。たとえば、

「改革の方向性（は？）」

「計画の課題（は？）」

といった具合です。

2つめは**そのスライドで最も伝えたいメッセージ、つまり、答え（A）そのもの**です。

「3つの改革でグローバルNO．1へ」

「間接部門縮小で人件費30億円減」

といった見出しになります。

どちらの形でも、**「ワンスライド、ワンメッセージ」を死守**すること。

ページごとに、聴衆に伝えたい「たったひとつの答え」がクリアになるようにします。

⑤20分ルールを心得る

TEDトークのひとつのセッションの上限は18分。

脳科学の観点から、聴衆にとって長すぎず、話し手にとって短すぎないちょうどいい数字なのだそうです。

ひとつのプレゼンは、長くて15～20分と心得てください。

字や絵をとことん減らし、余白を増やす「コンテンツディスタンシング」でプレゼンの「3密」回避を図りましょう。

特別付録2

信頼の基本は「あいうえおの法則」

最後に、「これを実践すれば、人生は必ず上向きになる」というおまじない、**コミュニケーションの超基本の「あいうえおの法則」**を紹介して、筆をおきたいと思います。

あ ▼「あいさつ」をする——まずは「壁」を破ろう

「あいさつ」。この**当たり前の動作ができない大人は、本当にたくさんいます**。

☑ あいさつの効用とは？

たんなる儀礼だ、めんどくさい、恥ずかしい、相手の迷惑になるのでは……など理由はさまざまですが、あいさつには、人との関係性を深める数多くの効用があります。

店員との会話、同僚とのなにげない会話など、人とのちょっとしたやりとりが、幸福度を大きく上げると言われています。「密で縛りの強い関係」でなくても、**「弱い紐帯」といわれる細く、拘束力のない関係性が生きる支えとなる**のです。

「こんにちは」「おはようございます」「こんばんは」「さようなら」。

それだけの言葉ですが、「関心や意識を自分ではなく相手に向ける」という基本ができているのでしょうか。口先だけで、おざなりに言っていないでしょうか。

口に出しにくいという場合は、会釈だけでも大丈夫。

その場合は、**視線をしっかりと交わしたあとに、頭を下げましょう**。

こうしたほんの一コマの動作が、人と人との間にある硬い氷の壁を破る「アイス・ブレイク」となり、**あなたの第一印象を劇的に改善し、縁や絆や人脈が広がっていく**のです。

い ▼「いいね！」——ほめ上手になる

本編のルール9（73ページ）で「相手を賞賛する」ことの大切さをお伝えしました。

日本人のほめ力偏差値は世界最低レベル。

心理学には「人は周囲から期待をされると、期待されないよりも成果を出す」という「ピグマリオン効果」というものがあります。上手にほめることは、相手のモチベーションを効果的に刺激します。

一流のほめ上手になってみましょう。

う ▼「うん、そうだね」——耳を傾ける

言いたいことや怒りをぶちまけるだけではなく、**お互いにじっくりと耳を傾け合える関係性の輪が広がれば、もっと生きやすい社会になる**のではないでしょうか。

「うん、そうだね」

あらゆる人間関係の改善の糸口は、こんな小さな一言にあるのかもしれません。

え ▼「えがお」――自分も周囲も幸せにする

笑顔にはチョコレートバー2000本分の「幸せ醸成効果」があるのだそうです。

何もなくても、笑顔で人は幸せになれる。これは本当の話です。

笑顔が「他人」も「自分」も幸せにする理由

赤ちゃんの無邪気な笑顔、店員さんの明るい笑顔、大切な人の屈託のない笑顔を見て、心がホッコリ、うれしくなったことはありませんか。

笑顔は伝染します。

ほかの個体の行動を見て、自分自身も同じ行動をとっているかのように反応をする**神**

経細胞「ミラー・ニューロン」の働きで、笑顔が笑顔を呼ぶのです。

あなたが誰かにほほ笑みかけることで、相手の脳にも「お返しをしよう」とする反応が生まれ、双方の気分が高揚する「共生関係」が生まれます。

笑顔は、誰かを笑顔にし、幸せにするだけではなく、自分自身も幸せにします。

「気分がいいから笑顔になる」のではなく、「笑顔をつくるという行為そのものが気分を高揚させる」ことは、多くの実験によって証明されています。

つまり、**楽しい、うれしいから笑顔になるだけではなく、笑顔になることで、楽しくなったり、喜びを感じたりする**ということ。

本物の笑顔＝マスクをつけていてもわかる「目元に出る」笑顔

では、本物の笑顔はどんなものでしょうか。

一言でいえば、**マスクをつけていてもわかる笑顔**ということです。

19世紀半ばのフランスの神経学者、ギョーム・デュシェンヌによれば、笑顔には主に口回りの筋肉だけを使うものと、ほほ骨から目元にかけての筋肉も使ったものの2種類あり、後者こそが「本物の笑顔」と結論づけました。

つまり**目元に出る笑顔こそが本物**ということです。

たとえ気分が落ち込んでいたとしても、**ほほを引き上げて「笑顔」をつくれば、ひとときでも幸せな気分になれる**のです。

鉛筆1本を上下の歯で挟んでみてください。

どうですか？

なんとなく気分が上がる気がしませんか？

「たんなる笑顔であっても、私たちには想像できない可能性がある」——マザーテレサ

笑顔の無限大の力を信じてみてください。

お ▼「お礼」を言う——「感謝」を「体質」にする

同じくルール9（73ページ）でも触れた「感謝」の効能。

感謝の気持ちは、**「幸福感」「楽観的な考え方」「関係性の向上」「健康」「目標達成」「タスク達成力」「身体的な痛みの減少」「寛容性と共感性」「いい睡眠」「自己肯定感の向上」**など、ありとあらゆるポジティブな効果をもたらすことが科学的に実証されています。

感謝の気持ちを書き留める、口に出すことによって、「感謝」を「体質」にすることができ、**これができる人のまわりには、自然と人が集まってきます**。

プライドや恥や外聞は「利己視点」に巣くうもの。

「誰かのために」という「利他視点」に立てば、この5つの所作は難なくでき、**「信頼」という現代の通貨を無限に手に入れることができる**でしょう。

おわりに

「つながる力」こそが、これからの時代を生き抜くカギに

誰もが、多かれ少なかれ、人間関係に何らかの悩みを抱えていると思います。

人の間と書く「人間」は元来、ソーシャルアニマル、社会性をもった動物。

人間本来の「生存欲求」から、人はぬくもりを求め、関係性を構築・維持しようともがくものです。

誰の心の奥底にも何らかの**「つながり欲求」**があり、それを無理やり抑え込み、孤立す

れば、依存症や犯罪、精神的不安、幸福感の欠如に結びつきます。

だからといって、無理に同調圧力やしがらみといった「拘束性の強い関係」に縛られるのは息苦しい。

そのどちらでもなく、**他者とゆるく連帯していくことで、人は自立を手に入れ、真に自由になれる**のではないでしょうか。

世の中は「ひとりでいいじゃん」「ひとりで耐えなさい」と、「孤独耐性」を高めることをすすめる方向に向かっています。

しかし、人は「ひとりぼっちで生きていくもの」ではなく、「支え合って生きていくもの」。

それに、他人との「摩擦」は怖いけれど、その摩擦がエネルギーとなって、創造されるものも無数にあります。

いつでも、どこでも、誰とでも「つながる力」こそが、これからの難しい時代を生き抜くカギになると私は確信しています。

そんな「つながる力」を高めていただくことが、この本の究極の目的です。

話し方のノウハウをシチュエーション別に整理し、日々の片付けやエクササイズのように、**短時間で試してもらえるよう、覚えやすい、シンプルな50のルール**にまとめ、仕立て上げました。

あまり悩まなくても、**言葉や数字をあてはめていくだけで、「何を言うべきか」を組み立てられる「方程式」になっています。**

今日から、いつもの会話で、ぜひひとつずつ活用してみてください。

きっと**みなさんの話し方が劇的に変わり、それによって、他者と上手に「つながる力」もぐんと高まるはず**です。

「自分という殻」を打ち破れるか

コミュニケーション上達のカギは、「自分という殻」を打ち破ることです。

「自分の言いたいことを聞かせたい」
「かっこよく見せたい」
「目立ちたい」
などと、自分中心に考えている限り、長期的な心地いい「つながり」にはなりません。

剛速球を投げて、悦に入るより、**「相手が受け止めやすい球」を投げて、ゆるくキャッチボールを続けることこそが、コミュニケーションの理想形**というわけです。

そのためには、**相手の気持ちを理解し、その感情を共有する「共感」（Empathy）**は欠かせません。

世界のリーダーのコミュニケーションのカタチが、「教官」型から「共感」型へと変質していると紹介しましたが、**「『共感』はリーダーシップの最もホットなトレンド」と言われ、いまや全米の2割の企業で社員に、そのトレーニングが提供されている**そうです。

「共感」はこれからのコミュニケーションの重要なキーワードですが、一方で、そこには危険性も秘められています。

つまり、共感は自分の身内や、考えを同じくする人たちの間で共有されても、その境界線を越えると、**敵意に変わる可能性がある**ということです。

党や地域、国など、同胞への共感が、グループ内の結束を固める一方で、「そこに所属しない人を攻撃するようになる」という側面もあるのです。

イェール大学のポール・ブルーム心理学教授は**「『共感』は偏見を生み、我々を部族的で、残酷にする」**と指摘しています。

ですから、**極端な感情移入に走り、排他的で、攻撃的になりうる「共感」の限界も理解しておく必要がある**でしょう。

そうした「罠」にはまるのではなく、**感情を俯瞰し、理性的行動を促す、一段階高い「共感」**、つまり、**普遍的、全人類的な「Compassion」**（思いやり、慈悲）**こそが求められている**、と言えるのかもしれません。

☑ 人生を大きく動かす「魔法のノウハウ」を手に入れる

他者に「思い」を「やる」。

「誰かのために」

「何かのために」

といった**「利他的視点」**をもったときに、**人は自分を閉じ込める小さな「殻」を脱出することができます。**

そうすれば、**自分のことをもっと客観的に知り、もっと人とつながりやすくなる**はずです。

ハーバード大学などの長年の学術的研究からわかったのは、**人の幸福感は、お金や、仕事の成功といったものではなく、他者との関係性によって決まる**ということでした。

「話す力」はその関係性をつなぐ「糸」です。

その「糸」を、織り、組み、編み、結ぶ方法。

この本に詰め込んだ、そうした**「魔法のノウハウ」**で、ひとりでも多くの人が、人生を豊かにする「つながり」「絆」「縁」を手にしていただくことができたなら、私にとってこれ以上幸せなことはありません。

これから、みなさんと、そしてみなさんが、たくさんの「糸」を結ぶことができますように。

2020年10月8日

岡本純子

＊この本の参考文献・論文はhttps://www.glocomm.co.jp/に掲載されています。

【著者紹介】

岡本純子（おかもと　じゅんこ）

「伝説の家庭教師」と呼ばれるエグゼクティブ・スピーチコーチ&コミュニケーション・ストラテジスト。株式会社グローコム代表取締役社長。早稲田大学政治経済学部政治学科卒業。英ケンブリッジ大学院国際関係学修士。米MIT比較メディア学元客員研究員。

1991年、読売新聞社に入社。経済部記者時代に、孫正義ソフトバンク社長など、世界の経済人、政治家を多数取材する。2001年に退社後、渡米してメディア研究に従事したのち、電通パブリックリレーションズに入社。「PRコンサルタント」として日本のトップリーダーのメディアトレーニング、プレゼンコーチングを始める。

2014年に再び渡米し、ニューヨークで、俳優や大学教授、企業エグゼクティブ、ボイストレーナー、ボディランゲージやプレゼンの専門家たちから、「グローバルリーダー」のコミュニケーション術を学ぶ。帰国後、株式会社グローコムを立ち上げ、以後、エグゼクティブ向けコミュニケーションコーチ、企業PRコンサルタント、ジャーナリストとして活動する。

新聞記者時代に鍛えた「言語化力」「表現力」とニューヨークで学んだ「パフォーマンス力」「科学的知見」を融合したノウハウをもとに、大手都市銀行、商社、電機メーカー、自動車メーカー、通信会社など日本を代表する大企業や外資系のリーダー、官僚・政治家など、「トップエリートを対象としたプレゼン・スピーチ等のプライベートコーチング」に携わる。

これまでに1000人を超える社長・企業幹部に、「秘伝のコミュニケーションノウハウ」を伝授。その「劇的な話し方の改善ぶり」と実績から「伝説の家庭教師」と呼ばれ、好評を博している。

「東洋経済オンライン」「プレジデントオンライン」などでは、「コミュ力の鍛え方」について、定期的に情報発信をしている。

世界最高の話し方
1000人以上の社長・企業幹部の話し方を変えた！
「伝説の家庭教師」が教える門外不出の50のルール

2020年11月12日　第1刷発行
2020年12月21日　第4刷発行

著　者――岡本純子
発行者――駒橋憲一
発行所――東洋経済新報社
〒103-8345　東京都中央区日本橋本石町 1-2-1
電話＝東洋経済コールセンター　03(6386)1040
https://toyokeizai.net/

装　丁…………上田宏志（ゼブラ）
イラスト…………上田惣子
D T P…………アイランドコレクション
印　刷…………ベクトル印刷
製　本…………ナショナル製本
校　正…………加藤義廣／佐藤真由美
編集担当………中里有吾

 Printed in Japan　ISBN 978-4-492-04677-7